幼児教育サポート
BOOKS

JN041607

「10の姿」で展開する!

幼児教育の計画&実践アイデア

ICTを活用した実践例を収録!

0〜5歳児の
指導計画付き!

明治図書　　　浅井 拓久也 編著

本書付録に収録している年間指導計画の PDF データは，下記 URL または QR コードからダウンロードできます。資料として使用する際などにご活用ください。

QR コード

URL　http://meijitosho.co.jp/087814#supportinfo

ユーザー名　087814

パスワード　tensugata

はじめに

　本書は、「幼児期の終わりまでに育ってほしい姿」（以下、10の姿）を活用した指導計画の作成方法や幼児教育の実践について説明した本です。

　『幼稚園教育要領』、『保育所保育指針』、『幼保連携型認定こども園教育・保育要領』は2017年に告示されました。そのなかで、10の姿が初めて提示されました。詳しくは本書で解説しますが、10の姿は卒園までに子どもに育ってほしい姿であり、保育者にとっては幼児教育を通して子どもを育てていく方向性を示しています。これからの保育者には10の姿を常に意識して幼児教育を行うことが求められます。

　ですが、10の姿は2017年に初めて提示されたものですから、どのように使うのか？　日々の幼児教育の中にどのように取り入れていくのか？　についてはそれほど多くの研究や実践例がありません。多くの保育者は試行錯誤の真っただ中といってもよいでしょう。

　そこで、本書では10の姿を活用した様々な事例を説明します。そのために、本書には3つの章を用意しました。

　まず、第1章では、10の姿について説明します。ここでは、『幼稚園教育要領』、『保育所保育指針』、『幼保連携型認定こども園教育・保育要領』のどこが、なぜ新しくなったのかを説明します。こうした説明を通して、なぜ10の姿が提示されたのか、10の姿を活用した幼児教育とはどのようなものかについて理解できるようにします。

　次に、第2章では、10の姿を活用した指導計画の作成方法や幼児教育の実践を説明します。これまでの書籍では、10の姿を指導計画に取り入れるとし

ても，計画内に10の姿が列挙されているだけでした。また，10の姿を活用した幼児教育といっても，10の姿を意識しましょうと言うだけで具体的にどのようにすれば意識できるのかという提案はされていませんでした。こうした既存の書籍は，10の姿を活用した説明をしているとは言えないでしょう。そこで，本章で，計画，実践，振り返りそれぞれの場面で10の姿をどのように活用すればよいかを理解できるようにします。

　最後に，第3章では，これまでの章のまとめとして，10の姿を活用した岩国東幼稚園の様々な実践を説明します。とくに，ICTを活用した実践を取り上げることで，ICTを活用することで10の姿をどのように育てるかを理解できるようにします。

　以上の3章を通して，10の姿の具体的な活用方法を理解することができるでしょう。ですが，本書は未完成のものです。様々な保育所や幼稚園で10の姿の活用としてこれまで行ってきたことを中心にまとめたものであり，体系的に，理論的にまとめたものでないからです。ですから，本書を読む際は，自分ならこうする，こうしたほうがもっとよくなるのではないかというように，本書を叩き台として使い，自分なりの10の姿の活用方法を考えてください。そうすることで，自分なりの10の姿の活用方法が見出せ，より質の高い幼児教育を行うことができるでしょう。

2020年10月

編著者　浅井拓久也

もくじ

1章
「10の姿」を理解する！3法令丸わかりガイド

2章 「10の姿」で見る！実践読み解きガイド

3章 「10の姿」を育む！効果的な ICT 活用アイデア

付録

「10の姿」を組み込んだ！年間指導計画具体モデル

1章

「10の姿」を理解する！
3法令丸わかりガイド

なぜ3法令は 変わったのでしょうか？

 ## 1 3法令と改訂・改定

　3法令とは，『幼稚園教育要領』（以下，『要領』），『保育所保育指針』（以下，『指針』），『幼保連携型認定こども園教育・保育要領』（以下，『教育・保育要領』）のことです。これらは，幼稚園，保育所，認定こども園それぞれでの保育や教育のあり方，園の運営の仕方について重要なことをまとめたものです。幼稚園教諭，保育士，保育教諭はこれらに従って保育や教育を行うことが求められます。

　また，『指針』は改定，『要領』と『教育・保育要領』は改訂という言葉が使われています。漢字は異なりますが，いずれも変わった，変更したという意味です。本章では，改定という言葉で統一します。

2 3法令改定の背景

　3法令が改定されたのは，子どもたちがよりよい保育や教育を受けることができるようにするためです。具体的には3つあります。

①低年齢児を対象としたきめ細やかな保育を行うために

　保育所は救貧施設として誕生しました。救貧施設とは，家庭では子どもを十分に養育できない場合に利用する施設です。ですから，当時はそれほど多くの子どもが保育所に通っていたわけではありません。また，保育の内容も保護を中心としたものでした。

　しかし，今は多くの子どもが保育所に通っています。厚生労働省の調査によると，平成31年には1・2歳児の48.1％が保育を利用しています（厚生労

働省「保育所等関連状況取りまとめ（平成31年4月1日）」）。今後も保育を利用する低年齢児は増えていくことが予想されています。また，保護者の保育所に対する見方も，救貧施設から教育施設へと変化してきています。それゆえに，子どもをただ預かっていればよいのではなく，低年齢児を対象としたきめ細やかな保育をする必要があるのです。こうして，『指針』では低年齢児を対象とした保育のあり方をこれまで以上に丁寧に示すことになったのです。

②どの施設でも幼児教育を受けることができるようにするために

　先ほど，保育所に通う子どもが増えていることを説明しました。今は保育所に通う子どもと，幼稚園に通う子どもは半々です。認定こども園に通う子どもも増えてきていますから，いずれは保育所，幼稚園，認定こども園に通う子どもの割合はほぼ等しくなるでしょう。ですから，子どもがどこに通っても同じような原理に基づき，同じような方向性の教育を受けることができるようにしなくてはなりません。幼稚園では教育を受けることができるけれど，保育所では教育は受けられないという状況になってしまうと，子どもにとって好ましくありません。

　そこで，今回の3法令の改定では，3歳以上の教育が共通になりました。共通になったとは，『指針』の3歳以上児の保育，『要領』の第2章，『教育・保育要領』の満3歳以上の園児の教育及び保育のねらいや内容の記載がほぼ同じになったということです。こうして共通になった教育を幼児教育といいます。

③幼児教育と小学校教育の円滑な接続のために

　幼児教育と小学校教育がしっかり接続していることが重要です。接続とは，幼児教育のカリキュラムと小学校教育のカリキュラムがつながっているということです。こうすることで，幼児教育では子どもの学びの芽生えを育み，小学校教育ではそれを伸ばすことができるようになります。

しかし，保育者と小学校教諭のこれまでの接続というと，保育者が小学校の授業を参観したり，小学校教諭が保育所や幼稚園で保育を体験したり，あるいは保育者と小学校教諭が合同で研修を受けたりすることが中心でした。また，幼児教育では５領域，小学校教育では国語や算数のような教科というように，両者の共通言語がありませんでした。そのため，小学校教諭にとっては，幼児期の保育や教育を通して子どもは一体どのような力を身につけてくるのかわかりにくかったのです。

　こうした課題を踏まえて，今回の改定では，幼児教育で育みたい資質や能力，卒園時までに育ってほしい姿が明確になり，３法令いずれでも示されることになりました。また，これらは，小学校教諭が従うことになっている『小学校学習指導要領』にも示されています。ですから，小学校教諭は幼児教育を通して子どもが何を身につけてくるかがわかりやすくなり指導しやすくなります。どこに通っていた子どもでも，こうした力を身につけてくることから，小学校入学後しばらくはこれらを伸ばすことを中心にした授業を行えばよいからです。これを，スタートカリキュラムといいます。

　どのような時代であっても，保育や教育の原理や原則は大きく変わるものではありません。しかし，時代によって保育や教育，子育てに対する考え方は変わってきます。たとえば，子どもが少ない今のような時代では，保育所や幼稚園のなかでしか大人数で遊ぶ経験ができません。ですから，子どもが集団性や社会性を身につけることができるような工夫がこれまで以上に必要になります。このように，保育者が時代に即した保育や教育を行えるようにするために３法令は改定されたのです。

Column 1

子どもの社会情動的スキルを育む

　幼児教育で最も大切なことは，子どもが何かができたできないという結果ではなく，そこに至るまでにどのような気持ちをもち，どのような関わりをしたのかという過程です。なぜかというと，幼児教育の中心が結果を出すことになると，保育者が主導的，指導的になりやすくなるからです。それは，子どもの主体性が育まれにくいということでもあります。

　そこで，幼児教育では過程を大切にしましょう。過程を大切にするとは，生活や遊びを通して，自尊心（自分に自信をもつ），自己制御，忍耐力，最後までやりきる力などを子どもが身につけるようにするということです。これらは社会情動的スキルや非認知的スキルといわれます。

　私たちは，ひらがなで自分の名前を書けるようになった，鍵盤ハーモニカを弾けるようになったという，子どもができたできないという結果に目を奪われがちです。ですが，書いたり演奏したりする過程で我慢強く挑戦できたか，できたことに自信がもてているかという，社会情動的スキルの育ちに目を向けるようにしましょう。

　多くの研究から，乳幼児期には社会情動的スキルが伸びやすいことや，社会情動的スキルこそが高い学力や大人になってからのよい生活の獲得につながっていることがわかっています。幼児教育では子どもの社会情動的スキルを育むことを大切にしましょう。

2 『幼稚園教育要領』は どこが変わったのでしょうか？

　ここでは，『要領』に関する主な変更点を説明します。なお，幼児期に育みたい資質・能力，幼児期の終わりまでに育ってほしい姿，ねらい及び内容は3法令すべてに共通する変更点です。

① 幼稚園教育において育みたい資質・能力が明確になった

　幼稚園教育において育みたい資質・能力には，3つあります。

　まず，「知識及び技能の基礎」です。『要領』には，「豊かな体験を通じて，感じたり，気付いたり，分かったり，できるようになったりする」とあります。たとえば，パズルで遊ぶことで，物事の規則性を理解するようになることです。

　次に，「思考力，判断力，表現力等の基礎」です。『要領』には，「気付いたことや，できるようになったことなどを使い，考えたり，試したり，工夫したり，表現したりする」とあります。たとえば，パズルを完成させるためには，どのパーツをどこに置けばよいか試行錯誤することです。

　最後に，「学びに向かう力，人間性等」です。『要領』には，「心情，意欲，態度が育つ中で，よりよい生活を営もうとする」とあります。心情とは，ドキドキしたりワクワクしたりする気持ちです。意欲とは，やってみようという意志です。態度とは，最後まであきらめずにやりきる姿勢です。パズルの例では，パーツを置く位置を悩んだり間違えたりしながらも，投げ出さないで完成させようとする姿勢をもつことです。

　では，なぜこれら3つの資質・能力が示されたのでしょうか。それは，これまでの幼稚園教育では，様々なことに関心をもちましょう，前向きに取り組みましょうということは示されていましたが，幼稚園教育を通して子ども

の何を育てるのかがあまり明確でなかったからです。関心をもったり，前向きに取り組んだりすることで，子どもの何が育つのかということが明確ではなかったということです。それは，保育者にとっても小学校教諭にとっても，指導の方向性を自覚化したり明確化したりしにくいということでもあります。

そこで，今回の改定によって，幼稚園教育を通して育んでいくものは「知識及び技能の基礎」，「思考力，判断力，表現力等の基礎」，「学びに向かう力，人間性等」の3つの資質・能力であると明確にしたのです。ですから，今後の幼稚園教育では，これら3つの資質・能力を育むことを意識することが重要になります。

幼児期の終わりまでに育ってほしい姿が示された

今回の改定では，幼児期の終わりまでに（卒園するまでに）育っていることが期待される子どもの具体的な姿（以下，10の姿）が示されました。具体的には，「健康な心と体」，「自立心」，「協同性」，「道徳性・規範意識の芽生え」，「社会生活との関わり」，「思考力の芽生え」，「自然との関わり・生命尊重」，「数量や図形，標識や文字などへの関心・感覚」，「言葉による伝え合い」，「豊かな感性と表現」です。

次ページに，幼児期の終わりまでに育ってほしい姿の10項目の内容を表にまとめました。

「幼児期の終わりまでに育ってほしい姿」

10の姿	内容
(1) 健康な心と体	幼稚園生活の中で，充実感をもって自分のやりたいことに向かって心と体を十分に働かせ，見通しをもって行動し，自ら健康で安全な生活をつくり出すようになる。
(2) 自立心	身近な環境に主体的に関わり様々な活動を楽しむ中で，しなければならないことを自覚し，自分の力で行うために考えたり，工夫したりしながら，諦めずにやり遂げることで達成感を味わい，自信をもって行動するようになる。
(3) 協同性	友達と関わる中で，互いの思いや考えなどを共有し，共通の目的の実現に向けて，考えたり，工夫したり，協力したりし，充実感をもってやり遂げるようになる。
(4) 道徳性・規範意識の芽生え	友達と様々な体験を重ねる中で，してよいことや悪いことが分かり，自分の行動を振り返ったり，友達の気持ちに共感したりし，相手の立場に立って行動するようになる。また，きまりを守る必要性が分かり，自分の気持ちを調整し，友達と折り合いを付けながら，きまりをつくったり，守ったりするようになる。
(5) 社会生活との関わり	家族を大切にしようとする気持ちをもつとともに，地域の身近な人と触れ合う中で，人との様々な関わり方に気付き，相手の気持ちを考えて関わり，自分が役に立つ喜びを感じ，地域に親しみをもつようになる。また，幼稚園内外の様々な環境に関わる中で，遊びや生活に必要な情報を取り入れ，情報に基づき判断したり，情報を伝え合ったり，活用したりするなど，情報を役立てながら活動するようになるとともに，公共の施設を大切に利用するなどして，社会とのつながりなどを意識するようになる。

(6) 思考力の芽生え	身近な事象に積極的に関わる中で，物の性質や仕組みなどを感じ取ったり，気付いたりし，考えたり，予想したり，工夫したりするなど，多様な関わりを楽しむようになる。また，友達の様々な考えに触れる中で，自分と異なる考えがあることに気付き，自ら判断したり，考え直したりするなど，新しい考えを生み出す喜びを味わいながら，自分の考えをよりよいものにするようになる。
(7) 自然との関わり・生命尊重	自然に触れて感動する体験を通して，自然の変化などを感じ取り，好奇心や探究心をもって考え言葉などで表現しながら，身近な事象への関心が高まるとともに，自然への愛情や畏敬の念をもつようになる。また，身近な動植物に心を動かされる中で，生命の不思議さや尊さに気付き，身近な動植物への接し方を考え，命あるものとしていたわり，大切にする気持ちをもって関わるようになる。
(8) 数量や図形，標識や文字などへの関心・感覚	遊びや生活の中で，数量や図形，標識や文字などに親しむ体験を重ねたり，標識や文字の役割に気付いたりし，自らの必要感に基づきこれらを活用し，興味や関心，感覚をもつようになる。
(9) 言葉による伝え合い	先生や友達と心を通わせる中で，絵本や物語などに親しみながら，豊かな言葉や表現を身に付け，経験したことや考えたことなどを言葉で伝えたり，相手の話を注意して聞いたりし，言葉による伝え合いを楽しむようになる。
(10) 豊かな感性と表現	心を動かす出来事などに触れ感性を働かせる中で，様々な素材の特徴や表現の仕方などに気付き，感じたことや考えたことを自分で表現したり，友達同士で表現する過程を楽しんだりし，表現する喜びを味わい，意欲をもつようになる。

出典：文部科学省「幼稚園教育要領」

実は，10の姿は３つの資質・能力や５領域と関係しています。３つの資質・能力はとても抽象的です。そのため，毎日の指導のなかで意識することは難しいでしょう。そこで，幼稚園を卒園する時点で３つの資質・能力がきちんと育まれているのなら，具体的にどのような姿が子どもに見られるかをまとめたものが，10の姿です。このような具体的な姿として示すことで，保育者にとっては毎日の指導の方向性が明確になります。

　では，どのように指導すれば10の姿に近づくのでしょうか。それは，５領域を踏まえた教育です。

５領域の内容

領域	内容
健康	健康な心と体を育て，自ら健康で安全な生活をつくり出す力を養う。
人間関係	他の人々と親しみ，支え合って生活するために，自立心を育て，人と関わる力を養う。
環境	周囲の様々な環境に好奇心や探究心をもって関わり，それらを生活に取り入れていこうとする力を養う。
言葉	経験したことや考えたことなどを自分なりの言葉で表現し，相手の話す言葉を聞こうとする意欲や態度を育て，言葉に対する感覚や言葉で表現する力を養う。
表現	感じたことや考えたことを自分なりに表現することを通して，豊かな感性や表現する力を養い，創造性を豊かにする。

出典：文部科学省「幼稚園教育要領」

5領域のねらいや内容を踏まえた教育によって，10の姿に近づくようにするのです。また，10の姿を意識して3歳や4歳の教育を行うようにします。10の姿は卒園時に見られることが期待される姿ですが，そのためには3歳や4歳の教育も10の姿を意識して行う必要があります。入園から卒園まで10の姿を意識した教育を積み上げていくことで，卒園までに10の姿が見られるようになるのです。

　最後に，10の姿は達成目標ではないことに留意してください。10の姿は卒園までに期待される子どもの姿ですが，無理矢理そうなるようにさせるものではありません。つまり，達成すべき目標ではありません。そもそも，自立心や道徳性など，10の姿はどれも奥深いものであり，卒園までに完全に育まれるものではありません。幼稚園教育で10の姿の芽生えを育み，小学校以降の教育でさらに伸ばしていくものです。

　このように，10の姿は達成目標ではなく，保育者の保育や教育の方向性を示すものです。10の姿の観点から子どもの育ちを見て，伸びているところはどこで，まだ十分ではないところはどこか，それを伸ばすためにはどのような環境を用意したらよいか，などのように，具体的な子どもの様子に即して保育者の保育や教育を見直すようにしましょう。

10の姿の観点から子どもの育ちを見ましょう！

体がロープに触れないように上手に体を使う

どうしたらうまくくぐれるか考える

友だちと協力してものを運ぶ

出典：『活動の見える化で保育力アップ！ドキュメンテーションの作り方＆活用術』（浅井拓久也，明治図書）

　上の写真は，ロープに体が触れないようにくぐる遊びをしている様子です。この遊びを通して，10の姿の何が育まれているでしょうか。体がロープに触れないように上手に体を使うことで「健康な心と体」，どうしたらうまくくぐれるか考えることで「思考力の芽生え」が育まれていくでしょう。

　ここからさらに遊びを展開する際は，保育者が何となく面白そうだと思ったことを行うのではなく，10の姿の観点から遊びを捉えて，どのように展開したら10の姿を育めるかを考えてみましょう。たとえば，右の写真のように，ロープのなかで友だちと協力してものを運ぶというように遊びを展開すると，「協同性」や「言葉による伝え合い」も育まれます。

カリキュラム・マネジメントを推進しよう

　ここでは，カリキュラム・マネジメントとは何か，どのように推進するのかについて説明しましょう。

①3法令それぞれの違い

　実は，3法令それぞれで「全体的な計画」が意味するものは異なります。『要領』では，教育課程や教育課程に係る教育時間の終了後等に行う教育活動の計画（預かり保育の計画），学校保健計画，学校安全計画などを意味します。『指針』では，これまで保育課程や保育計画と呼ばれていたものを意味します。『教育・保育要領』では，教育の内容，保育の内容，子育て支援などを意味します。

　また，カリキュラム・マネジメントという言葉は，『要領』と『教育・保育要領』にはでてきますが，『指針』にはでてきません。これは，3法令と関係する法律の都合からです。幼稚園や認定こども園は学校教育法や認定こども園法と関係しますが，保育所は児童福祉法が関係します。それぞれの法律の都合から，3法令で使える言葉が異なるのです。

　だからといって，保育所ではカリキュラム・マネジメントをしなくてよいということではありません。言葉としてはでてきませんが，「保育の計画及び評価」の中でカリキュラム・マネジメントの考え方は示されています。保育所でも，カリキュラム・マネジメントを推進することが求められるのです。

②社会に開かれた教育課程

　教育課程は幼稚園教育のエンジンや心臓のようなものです。教育課程において，育てたい子どもの姿，教育方針や教育方法を示し，これらに基づいて毎日の指導や指導計画の作成を行います。

　教育課程を社会に開くとは，教育課程が家庭や地域，小学校とつながるようにするということです。なぜなら，子どもの育ちは幼稚園教育だけではな

く，家庭や地域と連携したり，小学校のカリキュラムと接続したりすることで適切に支えることができるからです。

　教育課程に基づく教育は4時間が標準です。なぜ4時間が標準とされているかというと，これらの時間以外は家庭や地域で過ごすことが想定されていたからです。しかし，今は家庭や地域のなかで一緒に遊ぶ相手や場所を見つけることが難しくなっています。だからこそ，教育課程を社会に開き，幼稚園教育を通して子どもの体験が豊かになるようにしなくてはならないのです。

③どのようにカリキュラム・マネジメントを推進するか

　カリキュラム・マネジメントとは，全体的な計画に基づいて指導計画を作り，指導し，それを見直し次に生かしていくことで，教育の質を高めていくことです。簡単に言えば，行き当たりばったりの指導をするのではなく，園が目指す方向ややり方を踏まえた，計画的な指導をすることです。指導もやりっぱなしではなく，きちんと見直し，よりよい指導を考えることです。

　みなさんが学生だった頃，定期試験がありませんでしたか。試験に合格するために，今日は国語を2時間勉強する，明日は数学を1時間勉強するというように計画を立てたはずです。そして，うまく進まなかったときは，数学では公式の理解に時間がかかった，もう一度先生に話を聞いてみようというように勉強のやり方を改善したはずです。

　カリキュラム・マネジメントも同様です。計画的な指導や改善を繰り返すことによって，幼稚園教育の質を高めていくのです。ただし，試験の勉強は一人でも行えますが，カリキュラム・マネジメントは園長や施設長だけではなく，全教職員で行います。保育者それぞれが好きなように計画を立てて指導をするのでは，幼稚園全体で一貫した統一的な教育にならないからです。

「主体的・対話的で深い学び」の観点から教育活動を見直そう

　近年の学校教育では，アクティブ・ラーニングという学び方が推奨されています。教師の話を一方的に聞いてノートを取るだけではなく，自分で調べて，考えて，発表するという学び方です。『要領』には，「主体的・対話的で深い学び」と示されています。

　主体的な学びとは，遊びの展開を予想したり，やり方を振り返ったり，工夫したりするなど，自分から積極的に，意欲的に学ぶことです。対話的な学びとは，友だちと話をしていればよいというのではありません。自分の考えを広げたり深めたりするために，友だちと協力したり対話したりしながら学ぶことです。深い学びとは，なぜだろう？　もっと知りたい！　というように，心が揺さぶられるように学ぶことです。

　いつも同じような遊びを用意したり，友だちと対話する機会が少ない活動になったりしていませんか。幼稚園や保育所では，子どもを遊ばせていればよいのではありません。「主体的・対話的で深い学び」が実現できているかという観点から，保育や教育を振り返り，改善するようにしてください。

「主体的・対話的で深い学び」の観点から遊びを振り返りましょう！

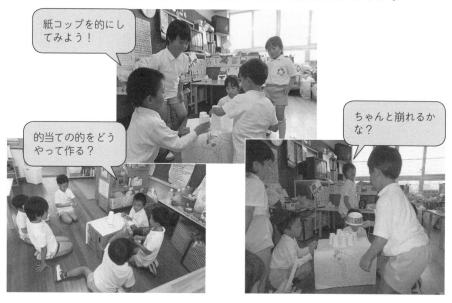

　左の写真は，子どもたちが的当ての的をどのように作るか話し合っている様子です。大人は的当ての的というと丸い形をしたものを想像しがちですが，子どもは的になる様々な形や素材を考えているようです。中央と右の写真から，紙コップを的にしたことやきちんと崩れるかを確認していることがわかります。

　これらの様子から，子どもたちが「主体的・対話的で深い学び」をしていることがわかります。ここでは，保育者は介入しないで見守ることで，子どもたちの「主体的・対話的で深い学び」を実現しています。

　このように，幼稚園教育では，子どもたちをただ遊ばせていればよいのではありません。遊びを通して「主体的・対話的で深い学び」が実現できているかどうかを見極め，どのような指導をすれば実現できるかを考えることが重要です。

ねらい及び内容の変更点を確認しよう

　『要領』の第2章には，5領域のねらいと内容が示されています。ここでは，各領域の主な変更点を説明します。

①健康

　ねらいには，「健康，安全な生活に必要な習慣や態度を身に付け，見通しをもって行動する」とあります。子どもが見通しをもって行動するためには，何を，どのようにすべきかを理解している必要があります。保育者が指導して身につけさせるのではなく，遊びや生活を通して子ども自身が必要性や段取りを理解できるようになることが重要です。そのために，「主体的・対話的で深い学び」の観点から遊びや生活を見直すようにしてください。

　また，内容の取扱いには「多様な動きを経験する中で，体の動きを調整するようにすること」とあります。運動のための特別な時間を設けるのではなく，遊びや生活のなかで自由に，たくさん体を使うことができるようにしましょう。

②人間関係

　内容の取扱いには，「試行錯誤しながら諦めずにやり遂げることの達成感や，前向きな見通しをもって自分の力で行うことの充実感を味わうことができるよう，幼児の行動を見守りながら適切な援助を行うようにすること」とあります。最後までやり抜く力や前向きに考える力のことを非認知的能力（スキル）といいます（13ページ）。非認知的能力（スキル）は，学力の向上やよりよい人生を送るために欠かせない力です。また，非認知的能力（スキル）は，乳幼児期に大きく伸びることがわかっています。

　非認知的能力（スキル）に関する研究は主に海外で行われてきましたが，非認知的能力（スキル）は心情，意欲，態度と重なります。これまでも日本の保育や教育では心情，意欲，態度を重視してきました。日本の保育や教育

のよさがあらためて確認されたと言えます。だからこそ，保育や教育を意識的に見直すことで，遊びや生活のなかで子どもの心情，意欲，態度がしっかり育まれるようにしましょう。

③環境

内容には，「日常生活の中で，我が国や地域社会における様々な文化や伝統に親しむ」とあります。文化や伝統に親しむために，たまに図鑑や写真集で地域のことを調べたり地域の人と一緒に活動したりするのではなく，定期的にこうした活動を行い，それぞれの活動がつながっていくようにしましょう。そのためには，教育課程や預かり保育のなかにしっかり位置づけることが重要です。

また，内容の取扱いには，「異なる文化に触れる活動に親しんだりすることを通じて，社会とのつながりの意識や国際理解の意識の芽生えなどが養われるようにすること」とあります。異なる文化に触れるとは，外国人講師と会話をしたり英単語を覚えたりすることではありません。自分とは異なる家庭や文化をもつ他者と話をしてみたい，一緒に遊んでみたいと思う気持ちが重要です。こうした気持ちがない状態で食事の前の挨拶を英語で行っても，国際理解の意識は芽生えないのです。

④言葉

ねらいには，「言葉に対する感覚を豊かにし，先生や友達と心を通わせる」とあります。漢字がいくつ書けるということよりも，漢字のかたちや言葉のリズムや音のように，言葉に対する感覚を育むことが重要です。なぜなら，言葉に対する感覚が育まれれば，言葉を自然と覚えていくようになるからです。

また，内容の取扱いには，「絵本や物語に親しんだり，言葉遊びなどをしたりすることを通して，言葉が豊かになるようにすること」とあります。絵本を読みさえすれば言葉が豊かになるのではありません。絵本のなかに出て

きた言葉を使って遊んだり，散歩する際に絵本のなかに出てきたものを見つけたりすることが重要です。以下の事例を参考にしてみてください。

保育教諭等と一緒に絵本を楽しむことは，こうした経験を重ねていくことでもある。絵本は，絵に描かれた状況や感情を共有することを通して園児と保育教諭等のやり取りを生み出し，園児の言葉に応じて，保育教諭等が言葉を補いながら楽しく言葉のやり取りを展開していくことを可能にする。

例えば，ゆったりとした雰囲気の中で，園児と保育教諭等が一対一で絵本を開くと，園児は犬の絵を指差し「ワンワン」と言葉を発する。保育教諭等がそれに応えて「ワンワンだね。しっぽをフリフリしているね」と状況を丁寧に語ると，園児は保育教諭等の顔を見上げて「フリフリ」と言う。保育教諭等はさらに，「フリフリしているね。ワンワン，嬉しいのかな」と言葉を続ける。

また，こうした絵本を読んだ後散歩に出掛けたとき，犬に出会うと，園児が「ワンワン」と指差すことがある。そこで保育教諭等が「ワンワンだね。絵本のワンワンと一緒かな」「しっぽ，フリフリしているかな」と実際の体験と絵本をつなぐ言葉を掛けてみる。園に戻ると，園児は先の絵本を手に取り，犬のページを開き喜々としてまた「ワンワン」と言う。このように絵本と言葉，そして実際の体験を重ね合わせる保育教諭等の援助は，園児の言葉の獲得を促すとともに，園児自身が言葉を獲得していくことを喜びとする感覚を育んでいく。

出典：内閣府・文部科学省・厚生労働省「幼保連携型認定こども園教育・保育要領解説」

⑤表現

内容の取扱いには,「風の音や雨の音,身近にある草や花の形や色など自然の中にある音,形,色などに気付くようにすること」とあります。強雨と小雨では音が違います。園庭と森のなかでは匂いが違います。こうした,生活のなかにある音や色,匂いを感じたり,気づいたりすることが重要です。

また,「様々な素材や表現の仕方に親しんだり」とあります。そのためには,保育者が様々な素材や表現方法を理解しておく必要があります。ある素材が教材となるか廃材となるかは,保育者の見方次第です。子どもが多様な表現方法に触れることができるかどうかは,保育者が子どもに提供できる表現方法の質と量によります。

それぞれの幼稚園が置かれている環境を踏まえて,『要領』で示されている考え方を実現することが重要です。一度にすべて実現できなくてもよいのです。一つずつできるところから進めていくようにしましょう。

また,保育所で働く人は『要領』を読むことはないかもしれません。しかし,『要領』は保育を行う際にも参考になります。たとえば,『要領』には指導計画を作成する際に配慮すべきことが8つ示されています。

これらは,保育所で指導計画を作成する際にも参考になります。ぜひ,『要領』を読み,保育所保育にも生かしてください。

---

(1) 長期的に発達を見通した年,学期,月などにわたる長期の指導計画やこれとの関連を保ちながらより具体的な幼児の生活に即した週,日などの短期の指導計画を作成し,適切な指導が行われるようにすること。特に,週,日などの短期の指導計画については,幼児の生活のリズムに配慮し,幼児の意識や興味の連続性のある活動が相互に関連して幼稚園生活の自然な流れの中に組み込まれるようにすること。

(2) 幼児が様々な人やものとの関わりを通して,多様な体験をし,心身の調和のとれた発

達を促すようにしていくこと。その際，幼児の発達に即して主体的・対話的で深い学び
が実現するようにするとともに，心を動かされる体験が次の活動を生み出すことを考慮
し，一つ一つの体験が相互に結び付き，幼稚園生活が充実するようにすること。

(3)　言語に関する能力の発達と思考力等の発達が関連していることを踏まえ，幼稚園生活
　　全体を通して，幼児の発達を踏まえた言語環境を整え，言語活動の充実を図ること。

(4)　幼児が次の活動への期待や意欲をもつことができるよう，幼児の実態を踏まえながら，
　　教師や他の幼児と共に遊びや生活の中で見通しをもったり，振り返ったりするよう工夫
　　すること。

(5)　行事の指導に当たっては，幼稚園生活の自然の流れの中で生活に変化や潤いを与え，
　　幼児が主体的に楽しく活動できるようにすること。なお，それぞれの行事についてはそ
　　の教育的価値を十分検討し，適切なものを精選し，幼児の負担にならないようにするこ
　　と。

(6)　幼児期は直接的な体験が重要であることを踏まえ，視聴覚教材やコンピュータなど情
　　報機器を活用する際には，幼稚園生活では得難い体験を補完するなど，幼児の体験との
　　関連を考慮すること。

(7)　幼児の主体的な活動を促すためには，教師が多様な関わりをもつことが重要であるこ
　　とを踏まえ，教師は，理解者，共同作業者など様々な役割を果たし，幼児の発達に必要
　　な豊かな体験が得られるよう，活動の場面に応じて，適切な指導を行うようにすること。

(8)　幼児の行う活動は，個人，グループ，学級全体などで多様に展開されるものであるこ
　　とを踏まえ，幼稚園全体の教師による協力体制を作りながら，一人一人の幼児が興味や
　　欲求を十分に満足させるよう適切な援助を行うようにすること。

出典：文部科学省「幼稚園教育要領」

『保育所保育指針』は どこが変わったのでしょうか？

　ここでは，『指針』に関する主な変更点を説明します。なお，幼児期に育みたい資質・能力，幼児期の終わりまでに育ってほしい姿，ねらい及び内容は先ほど説明した通りです。

① 養護がこれまで以上に重要になった

　今回の改定から，養護に関する説明は総則に示されています（31〜32ページ）。総則とは，『指針』のなかでも最も重要な原理や原則を示すところです。

　保育は養護と教育を一体的に展開していくものですから，養護は第1章の総則で示し，教育は第2章の保育の内容で示すというのは違和感があるかもしれません。しかし，保育所ではこれまで以上に養護が重要になっています。先にも説明した通り，保育所保育を中心に保育を利用する低年齢児が増えているからです。低年齢児には，十分に行き届いた養護が何より重要です。こうした保育所を取り巻く事情を踏まえて，養護は総則で示されたのです。

　養護に関する説明は『指針』と『教育・保育要領』にはありますが，『要領』にはありません。しかし，幼稚園教育を行う際も養護の視点は欠かせません。幼稚園で働く人も『指針』を読んでおきましょう。

2 養護に関する基本的事項

(1) 養護の理念

　保育における養護とは，子どもの生命の保持及び情緒の安定を図るために保育士等が行う援助や関わりであり，保育所における保育は，養護及び教育を一体的に行うことをその特性とするものである。保育所における保育全体を通じて，養護に関するねらい及び内容を踏まえた保育が展開されなければならない。

(2) 養護に関わるねらい及び内容

ア　生命の保持

(ア)　ねらい

① 　一人一人の子どもが，快適に生活できるようにする。

② 　一人一人の子どもが，健康で安全に過ごせるようにする。

③ 　一人一人の子どもの生理的欲求が，十分に満たされるようにする。

④ 　一人一人の子どもの健康増進が，積極的に図られるようにする。

(イ)　内容

① 　一人一人の子どもの平常の健康状態や発育及び発達状態を的確に把握し，異常を感じる場合は，速やかに適切に対応する。

② 　家庭との連携を密にし，嘱託医等との連携を図りながら，子どもの疾病や事故防止に関する認識を深め，保健的で安全な保育環境の維持及び向上に努める。

③ 　清潔で安全な環境を整え，適切な援助や応答的な関わりを通して子どもの生理的欲求を満たしていく。また，家庭と協力しながら，子どもの発達過程等に応じた適切な生活のリズムがつくられていくようにする。

④ 　子どもの発達過程等に応じて，適度な運動と休息を取ることができるようにする。また，食事，排泄，衣類の着脱，身の回りを清潔にすることなどについて，子どもが意欲的に生活できるよう適切に援助する。

イ　情緒の安定

(ア)　ねらい

① 　一人一人の子どもが，安定感をもって過ごせるようにする。

② 　一人一人の子どもが，自分の気持ちを安心して表すことができるようにする。

③ 　一人一人の子どもが，周囲から主体として受け止められ，主体として育ち，自分を肯

定する気持ちが育まれていくようにする。

④　一人一人の子どもがくつろいで共に過ごし，心身の疲れが癒されるようにする。

(ｲ)　内容

①　一人一人の子どもの置かれている状態や発達過程などを的確に把握し，子どもの欲求を適切に満たしながら，応答的な触れ合いや言葉がけを行う。

②　一人一人の子どもの気持ちを受容し，共感しながら，子どもとの継続的な信頼関係を築いていく。

③　保育士等との信頼関係を基盤に，一人一人の子どもが主体的に活動し，自発性や探索意欲などを高めるとともに，自分への自信をもつことができるよう成長の過程を見守り，適切に働きかける。

④　一人一人の子どもの生活のリズム，発達過程，保育時間などに応じて，活動内容のバランスや調和を図りながら，適切な食事や休息が取れるようにする。

出典：厚生労働省「保育所保育指針」

② 保育所は幼児教育を行う施設

先ほども説明した通り，今回の改定では幼児教育が重要視されています。幼児期に質のよい幼児教育を受けることで，非認知的能力（スキル）が伸びるという研究もあります。そのため，保育所，幼稚園，認定こども園のどこに通っても，同じような原理や方向性をもつ幼児教育を受けることができるようにしなくてはなりません。こうした流れを受けて，『指針』でも保育所は幼児教育を行う施設であると明記されました。もちろん，保育所で幼児教育を行うというのは特別なことをするということではありません。環境を通して，養護を基盤として，５領域を踏まえた教育を行うということです。

③ 乳児保育は３つの視点で考える

今回の改定から，保育の内容は乳児保育，１歳以上３歳未満児の保育，３歳以上児の保育というように３つに分けられています。なかでも，乳児保育は５領域ではなく，３つの視点を使って保育を行います。

３つの視点とは，まず「健やかに伸び伸びと育つ」です。「健康な心と体を育て，自ら健康で安全な生活をつくり出す力の基盤を培う」ことです。次に，「身近な人と気持ちが通じ合う」です。「受容的・応答的な関わりの下で，何かを伝えようとする意欲や身近な大人との信頼関係を育て，人と関わる力の基盤を培う」ことです。最後に，「身近なものと関わり感性が育つ」です。「身近な環境に興味や好奇心をもって関わり，感じたことや考えたことを表現する力の基盤を培う」ことです。

なぜ３つの視点を使うようになったかというと，乳児の発達の特徴からです。５領域は子どもを発達の側面から５つにまとめたものですが，低年齢児と３歳以上児では発達が異なります。たとえば，言葉の獲得に関する領域「言葉」では，乳児はクーイングや喃語が中心であり，３歳以上児の言葉とは異なります。このような発達の違いを踏まえて，乳児保育では乳児の発達

に即した3つの視点を使うことになったのです。

　ただし，3つの視点は1歳以上の保育で使われる5領域と関係のないものではありません。3つの視点は5領域を3つにまとめたものです。ですから，5領域の内容と重なっています。たとえば，「身近な人と気持ちが通じ合う」という視点は，5領域の「言葉」や「人間関係」と重なります。3つの視点で乳児の育ちを見ながら，同時に5領域との関係も意識するようにしましょう。それによって，子どもの育ちや発達が連続していくからです。

子どもの主体性を尊重した事故防止へ

　事故防止について，「事故防止の取組を行う際には，特に，睡眠中，プール活動・水遊び中，食事中などの場面では重大事故が発生しやすいことを踏まえ，子どもの主体的な活動を大切にしつつ，施設内外の環境の配慮や指導の工夫を行うなど，必要な対策を講じること」とあります。

　ここから2つのことがわかります。まず，睡眠中，プール活動・水遊び中，食事中はとくに重大事故が起きやすいということです。睡眠チェックを怠ってしまった，ほんの少し目を離した際に溺れてしまった，誤えん（食べたものが気道に入ってしまうことでむせること）によって息ができなくなったなどです。子どもは大人が想像をしないようなことをします。こうした場面ではとくに注意を払うようにしてください。

　次に，事故防止のためとはいえ，子どもの遊びや生活に過度な制約を課したり，少しでも危険なことは禁止したりするのは好ましくないということです。軽度の怪我や事故は子どもにとって学びになります。怪我をしたことで次はどのようにすれば怪我をしなくて済むか，事故を避けるためにはどうしたらよかったかを子どもは自分で考えて，次は怪我をしたり事故にあったりしないようになります。軽度の怪我や事故さえ起きないような遊びや生活を目指すことは，保育者も委縮するのみならず，子どもの育ちにとっても好ましいことではありません。

⑤ 保育所による子育て支援へ

　今回の改定では，「保護者に対する支援」から「子育て支援」と表現が変わりました。保育所を利用している保護者だけではなく，すべての子育て家庭に対する子育て支援が必要との考えからです。

　保護者支援の原則は「保護者に対する子育て支援を行う際には，各地域や家庭の実態等を踏まえるとともに，保護者の気持ちを受け止め，相互の信頼関係を基本に，保護者の自己決定を尊重すること」と示されています。何でもかんでも保育者が引き受ける（引き取る）のではなく，保育者と保護者それぞれがすべきこと，してよいこと，したほうがよいことを考え合い，保護者が子育てに孤立や孤独を感じないようにしながら，一方で保護者の子育てに対する主体性を尊重しつつ，協力し合うようにしましょう。

　また，「保育及び子育てに関する知識や技術など，保育士等の専門性や，子どもが常に存在する環境など，保育所の特性を生かし，保護者が子どもの成長に気付き子育ての喜びを感じられるように努めること」とあるように，ドキュメンテーション（写真や動画で保育の様子を可視化したもの）や園便りを使って，保護者に子どもの成長が伝わるようにしましょう。

ドキュメンテーションを通して伝える子どもの成長

参考：『活動の見える化で保育力アップ！ドキュメンテーションの作り方&活用術』（浅井拓久也，明治図書）

　地域に開かれた子育て支援では，保育所と地域の保護者や子どもが定期的に関わり合い，意識的につながり合うようにすることが重要です。たとえば，

園庭開放もただ園庭を開放しているだけではなく，保育者から参加者に気軽に話しかけたり，保護者同士が親しくなるきっかけを作ったりします。未就園児の親子登園の際は，親子で遊んでいる様子を見ているだけではなく，保育者と話をしたり在園児と一緒に遊べるようにしたりします。どのような方法であっても，ただやればよいのではなく，保育所が中心となって子育てをする人をつないでいくようにすることが重要です。

保育所全体で専門性を高めていく

　今回の改定から自己研鑽という言葉がなくなり，組織的に，あるいは施設長のリーダーシップによって保育所全体の専門性を高めていくことが示されました。家庭や地域に起きる問題は多様で複雑になってきています。こうした問題は，一人の保育者だけではなく，保育所全体で取り組まないと解決できないことが多いです。だからこそ，保育所全体の専門性の向上が必要になります。

　また，体系的な研修の受講が重要です。施設長に言われたから参加するのではなく，どのような保育者になりたいか，そのためには今何を学べばよいかを考えて研修に参加するようにしましょう。これが，キャリアパスを見据えるということです。

　今回の改定によって，幼児期を通して育てたい資質・能力や10の姿など，新しい考え方がたくさん示されました。もちろん，『指針』を読んだだけでは保育の質は向上しません。『指針』で示されていることを毎日の保育に生かしていくことが重要です。たとえば，自分の保育を説明したり指導計画を作ったりする際に『指針』の言葉を使ってみるのもよいでしょう。また，園内研修会で，10の姿からそれぞれの保育を見直して，語り合うのもよいでしょう。

　このように，『指針』で示されたことを毎日の保育に生かしていくことが，保育の質を向上させる確実な一歩になるのです。

Column 2 ●●

保育所が連携する地域の機関

外国籍，一人親家庭，深夜勤務など，様々な背景をもつ子どもや家庭が増えています。そのため，保育所だけでは問題を解決できないことも多くなっています。そこで，保育所が連携する機関として，どのような機関があり，どのような役割を果たしているかを理解しておく必要があります。

たとえば，以下のような機関があります。

市町村（保健センター等の母子保健部門・子育て支援部門等），要保護児童対策地域協議会児童相談所，福祉事務所（家庭児童相談室），児童発達支援センター，児童発達支援事業所，民生委員，児童委員（主任児童委員），教育委員会，小学校，中学校，高等学校，利用者支援専門員，地域子育て支援拠点，地域型保育（家庭的保育，小規模保育，事業所内保育，居宅訪問型保育），市区町村子ども家庭総合支援拠点，子育て世代包括支援センター，ファミリー・サポート・センター事業（子育て援助活動支援事業），関連 NPO 法人等

これらの機関とは，何か問題が生じてからではなく，日頃から連携しておくようにしましょう。そうすることで，迅速かつ効果的な保護者支援をすることができます。みなさんの保育所は今どの機関と連携しているでしょう。まだ連携していない機関はどこで，どうすれば連携ができるでしょう。ぜひ考えてみてください。

『教育・保育要領』の変更点は，『要領』や『指針』とほぼ同じです。ここでは，認定こども園に特有の変更点を説明します。

① 3歳児クラスの多様性に配慮する

認定こども園では，3歳児クラスが多様になります。2歳児クラスから進級する子ども，満3歳入園の子ども，小規模保育や家庭的保育から入園してくる子どものように，それまでの生活や体験はとても多様です。

そこで，これまでの生活や体験を踏まえた援助をしましょう。たとえば，家庭的保育から入園してきた子どもは，大人数で遊ぶことに慣れていないかもしれません。そのようなときは，保育者がきめ細やかな援助をして，少しずつ大人数で遊べるようにしていきます。

また，保護者や入園前まで通っていた施設との連携も重要です。子どもが新しい環境や生活に慣れることができるように，保育者が中心となって連携していくことが重要です。

② 長期休暇による子どもの生活リズムに配慮する

認定こども園には，1号認定から3号認定の子どもまでいます。1号認定の子どもは夏休みのように長期間の休みを取ることが多いでしょう。しかし，2号認定や3号認定の子どもは毎日園に通うことが多いでしょう。また，預かり保育に不定期に参加する子どももいるでしょう。

このように，長期間の休みを家庭で過ごすか園で過ごすかによって，子どもの体験は異なってきます。家庭で過ごした子どもには，園で過ごしていた

子どもの活動や体験との差が極端に広がらないように工夫します。園で過ごす子どもには，多様な体験ができるように工夫します。

　このように，認定こども園ではクラスが多様になることが多いことから，子ども一人ひとりの様子を踏まえて，クラス全体の活動を考える必要があります。

　ここまで，3法令の主な変更点について説明してきました。もちろん，変更点を理解することは重要なことです。保育者は3法令に従って保育や教育を行うことが求められるからです。そのためには，3法令に新しく示された考え方をきちんと理解しなくてはなりません。

　しかし，変わったところだけではなく，変わっていないところにも目を向けてください。変わっていないところは，環境を通して行う保育や教育，子どもの主体的な活動を尊重するなど，たくさんあります。実は，これまでの改定でも変わらなかったところにこそ，保育や教育の原理や原則があります。こうした原理や原則をしっかり理解することで，変わったところの理解もいっそう進みます。

　3法令をしっかり理解し，毎日の保育や教育に生かしていくようにしましょう。それが，保育や教育の質を高めることにつながっていくからです。

2章

「10の姿」で見る！
実践読み解きガイド

10の姿を活用した保育の計画

 保育の計画とは？なぜ計画が必要なのか

『指針』にある保育の計画とは，全体的な計画や指導計画等の保育をする際の方向性や保育所運営の方針を示すものです。全体的な計画は，第1章で説明した通り，3法令それぞれで意味が異なりますが，『指針』では主に乳児から5歳児までの保育の目標や方法を示したものです。一方で，指導計画は年間指導計画や月案のような長期的な計画と，週案や日案のような短期的な計画があります。長期的な計画は子どもの育ちを長期的に見るための計画であり，短期的な計画は今の子どもの姿を踏まえた保育をするための計画です。

なぜ保育では計画が必要なのでしょうか。理由は2つあります。

まず，保育の展開を見通すためです。こう言うと難しく聞こえますが，みなさんが日々の生活でも行っていることです。たとえば，4泊5日で旅行に行く際，使える時間と予算を考慮して，初日は何をして，2日目は何をして，というように計画を立てるでしょう。そうしないと行き当たりばったりになってしまって，後からこうすればよかったと後悔するからです。つまり，計画を立てることで，先の展開を見通したうえで，その日の保育を考えることができるのです。場当たり的な保育を積み上げても子どもの育ちの連続性の保障にはなりません。全体を見据えて一日一日の保育を行う必要があるのです。

次に，子どもの様子に合わせた柔軟な対応をするためです。『指針』を詳しく説明した『保育所保育指針解説』には次のように示されています。

「保育の計画を作成するに当たっては，全職員が各々の職種や立場に応じ

て参画し，保育の理念や方針を共有しながら，保育の方向性を明確にする。その際，子どもの発達や生活の連続性に配慮し，在籍期間を通じた育ちの見通しをもって，日々の生活における子どもの実態を捉える視点をもつことが重要である。その上で，子どもに計画通り「させる」保育ではなく，その時々の子どもの状況や遊びの展開に応じて環境を適宜変えていくなど，保育士等の適切な判断の下，保育が柔軟に行われることが求められる」

　計画を立てる際には様々なことを考えるでしょう。廃材を使って製作活動をするのなら，どのような廃材を使おうか，導入はどうしたらよいか，製作活動が苦手な子にはどのような対応をするかのように，様々なことを考えるでしょう。このように，計画を立てる際にあれこれ考えておくことが保育をする際の柔軟な対応につながります。保育はいつも計画通りに進むとは限りませんから，その場で，即判断をすることが求められます。そのときに，あれこれ考えておいたことが役立ちます。柔軟な対応というのは，保育者のセンスや感覚があってできるというよりも，こうした事前の入念な準備があってできるものなのです。

10の姿を取り入れた計画を作ろう

　右の表は岡山県玉野市の保育所や認定こども園で使用されている全体的な計画の一部です。

　玉野市の全体的な計画の特徴は2つあります。

　まず，養護と教育（5領域）に続いて10の姿の項目が示されています。第1章で説明した通り，10の姿は養護を基盤とした教育を行うことによって目指すもの（幼児期の終わりまでに育ってほしい姿）として示されました。そのため，計画のなかに養護と教育だけではなく，10の姿があることで，常に保育を通して目指すもの（目指す方向性）を確認することができます。

　次に，3法令では幼児期の終わりまでに育っていることが期待される子どもの具体的な姿しか示されていませんでしたが，この全体的な計画では乳児から4歳児それぞれの年齢の終わりまでに育ってほしい姿が低月齢と高月齢で分けて整理されています。

　『幼稚園教育要領解説』で「「幼児期の終わりまでに育ってほしい姿」は5歳児に突然見られるようになるものではないため，<u>5歳児だけでなく，3歳児，4歳児の時期から，幼児が発達していく方向を意識して，それぞれの時期にふさわしい指導を積み重ねていくこと</u>に留意する必要がある」（下線部は筆者による）と示されているように，3法令で示されている10の姿は乳児から4歳の保育を積み重ねていくことで見られるようになります。そのため，玉野市の保育者が集まり，玉野市という地域の実情や保育所の実態に即して乳児の終わりまでに育ってほしい姿から4歳児の終わりまでに育ってほしい姿を考え合いました。この全体的な計画では，乳児から4歳児までのそれぞれの姿が示されていることで，乳児から5歳までの積み重ねの道筋が明確になっています。これによって，保育所保育を通して育む子どもの姿や，日々の保育の方向性が明確になります。

　10の姿は3法令で示されていますから，子どもの育ちや保育の目標が与えられたものになるのではないかという意見もあります。しかし，玉野市のよ

うに，３法令には示されていない乳児から４歳の育ちの姿や，それらを踏まえた幼児期の終わりまでに育ってほしい姿を考え合うことで，その地域の実情や保育所の実態に即した子どもの育ちや保育の目標を示すことができるのです。

発達過程区分			3歳児
養護	生命の保持	ねらい	・健康的生活習慣の形成
		内容	・生理的欲求を満たし，適切な生活リズムをつくる。
	情緒の安定	ねらい	・主体性の育成
		内容	・主体的に活動し，自発性や探索意欲を高め，自信をもつことができるようにする。
教育	【健やかに伸び伸びと育つ】	ねらい及び内容	・意欲的な活動 ・基本的生活習慣の確立 ・生活に必要な習慣や身の回りのことを自分でする。
	【身近な人と気持ちが通じ合う】	ねらい及び内容	・道徳性の芽生えと並行遊びの充実 ・保育者や友だちとの安定した関係の中でかかわりながら，一緒に活動する楽しさを味わう。 ・身近な環境への積極的なかかわり ・身近な動植物や自然事象に親しみ，驚いたり感動したりする。
	【身近なものと関わり感性が育つ】	ねらい及び内容	・言葉の美しさ，楽しさへの気づき ・生活の中での，必要な言葉の理解と使用 ・思ったことや感じたことを言葉に表し，保育者や友だちとの言葉のやりとりを楽しむ。 ・自由な表現と豊かな感性の育ち ・見たり，感じたり，考えたりしたことを身振りや動作で表現し楽しむ。
	保育をする際の配慮事項		・指導を行う際には，「幼児期の終わりまでに育ってほしい姿」を適宜考慮すること。 ・保護者の就労状況等に応じて，子どもが保育所で過ごす時間が異なることに留意しつつ，子どもの発達や成長の援助をねらいとした活動時間を，意識的に計画上に位置付け実施すること。
幼児期の終わりまでに育ってほしい姿	健康な心と体	低月齢	・生活の流れがわかり，自分でできることは自分でしようとするようになる。
		高月齢	
	自立心	低月齢	・みんなから認められることに，喜びを感じるようになる。
		高月齢	
	協同性	低月齢	・保育者の仲立ちのもと，友だちと思いを伝え合って遊ぼうとするようになる。
		高月齢	
	道徳性・規範意識の芽生え	低月齢	・友だちとのかかわりを徐々に深めながら，簡単なルールのあるあそびを楽しむようになる。
		高月齢	
	社会生活との関わり	低月齢	・地域の人と親しみをもってかかわるようになる。
		高月齢	
	思考力の芽生え	低月齢	・身近な環境にかかわり，気づいたり感じたりして遊ぶようになる。
		高月齢	
	自然との関わり・生命尊重	低月齢	・身近な動植物をはじめ，自然現象をよく見たり触れたりして，驚き親しみをもつようになる。
		高月齢	

計画と計画のつながりを意識しよう

次の計画は岡山県玉野市が作成した３歳児の年間指導計画です。

保育には様々な計画がありますが，全体的な計画や指導計画のつながり（連続性）を考えるようにしましょう。つながりとは，計画それぞれが目指すものや方向性が一致しているということです。全体的な計画や年間指導計画では子どもの主体性を伸ばそうとする保育を目指しているのに，週案や日案では保育者が主導的になるような活動を取り入れるというのでは，計画と計画がつながっていません。

玉野市の例を使って具体的に考えてみましょう。全体的な計画で示されている３歳児の10の姿は（45ページ），３歳児の年間指導計画（150ページ）にも次のように同じことが書かれています。

年間目標	◎保健的で安全な環境を作り，一人ひとりの子どもの生理的な欲求を満たしたり心の欲求を受け止めたりし，快適に過ごせるようにする。		
3歳児の終わりまでに育ってほしい姿	・生活の流れがわかり，自分でできることは自分でしようとするようになる。 ・みんなから認められることに，喜びを感じるようになる。 ・保育者の仲立ちのもと，友だちと思いを伝え合って遊ぼうとするようになる。 ・友だちとのかかわりを徐々に深めながら，簡単なルールのあるあそびを楽しむようになる。 ・地域の人と親しみをもってかかわるようになる。		
年間区分	1期（4月～5月）	2期（6月～8月）	
ねらい	○喜んで登園し，保育者に親しみをもつ。 ○園生活の流れを知り，園の生活リズムに慣れる。 ○園の遊具や玩具に興味をもち，自分から遊ぼうとする。 ○身近な動植物や自然に興味をもつ。	○簡単な身の回りの始末を自分でしようとする。 ○あそびや生活を通して，約束やきまりがあることを知る。 ○自分の好きなあそびを十分に楽しみながら，友だちのしていることにも興味を示す。 ○水や砂の感触を楽しみながら，全身を動かすあそびに興味をもつ。	
内容 養護 生命・情緒	○環境の変化から情緒が不安定になりやすいので発達状態を把握し，安心して生活できるようにする ○できることはありのまま受容し，見守りながら自信につなげていく。	○梅雨期，夏期の環境保健に十分留意し，快適に過ごせるようにする。 ○保育者との信頼関係のなかで，自分の気持ちや考えを安心して表すことができるようにする。	
内容 教育 健康／人間関係／環境／言葉	○新しい生活の仕方を知る。 ○保育者の手助けにより食事，排泄，手洗い，午睡など身の回りのことを少しずつ自分でしようとする。 ○室内や戸外で安心して遊具や玩具を使って遊ぶ。 ○自分のクラスがわかり，保育者や友だちに慣れて生活やあそびをする。 ○身近な自然に興味や関心をもち親しむ。 ○土，砂，粘土などの感触を楽しむ。 ○挨拶や返事など生活に必要な言葉を使う。	○保育者の手助けを受けながら，身の回りのことを自分でしようとする。 ○身近な生活用具などの正しい使い方を知り，興味をもって使う。 ○夏野菜の生長や収穫を喜び，収穫した野菜を食べることで食物に関心をもつ。 ○自分で好きなあそびを見つけたり，保育者や気の合う友だちとのあそびを楽しんだりする。 ○保育者が仲立ちとなり，異年齢の友だちとの触れ合いをもとうとする。 ○生活やあそびの中で簡単なきまりや約束を守ろうとする。 ○砂，水，泥あそびなど，自然に触れ感触を楽しみながら遊ぶ。 ○保育者や友だちと生活やあそびに必要な言葉や簡単な挨拶のやりとりを楽しむ。	

10の姿を意識した年間指導計画

「生活の流れがわかり，自分でできることは自分でしようとするようになる」

「みんなから認められることに，喜びを感じるようになる」

「保育者の仲立ちのもと，友だちと思いを伝え合って遊ぼうとするようになる」

「友だちとのかかわりを徐々に深めながら，簡単なルールのあるあそびを楽しむようになる」

「地域の人と親しみをもってかかわるようになる」

「身近な環境にかかわり，気づいたり感じたりして遊ぶようになる。」

「身近な動植物をはじめ，自然現象をよく見たり触れたりして，驚き親しみをもつようになる」

「身の回りの物の色，量，形などに関心をもち，分けたり集めたりするようになる」

「経験したことや感じたことを自分なりの言葉で，保育者や友だちに伝えようとするようになる」

「友だちと一緒にイメージを広げたり，見立てあそびを楽しんで遊ぶようになる」

・身近な環境にかかわり，気づいたり感じたりして遊ぶようになる。	
・身近な動植物をはじめ，自然現象をよく見たり触れたりして，驚き親しみをもつようになる。	
・身の回りの物の色，量，形などに関心をもち，分けたり集めたりするようになる。	
・経験したことや感じたことを自分なりの言葉で，保育者や友だちに伝えようとするようになる。	
・友だちと一緒にイメージを広げたり，見立てあそびを楽しんだりして遊ぶようになる。	
3期（9月〜12月）	4期（1月〜3月）
○戸外でのびのびとからだを動かして遊ぶことを楽しむ。	○基本的生活習慣が身につき，安定した生活ができる。
○経験したこと，感じたことなどを自分なりに表現する。	○友だちと遊んだり，話したり，歌ったりすることを喜び，一緒に活動しようとする。
○保育者や友だちと一緒に生活することを楽しみ，話したり聞いたり，会話を楽しんだりする。	○大きくなる喜びと進級に対する期待をもって生活する。
○日常生活のなかで自分でできることはしようとする。	
○季節の移り変わりを感じ，自然物に触れて遊ぶことを楽しむ。	
○自分でしようとする姿を認め，自分でできたことに満足感がもてるようにする。	○気温差に留意し，室温，湿度，換気に配慮し健康に過ごせるようにする。
○季節の変化に応じて，保健的で安全な環境を作り，快適に生活できるようにする。	○一人ひとりの成長を認め，自信をもって生活するようにする。
○子どもの気持ちを大切にし，一人ひとりの成長を認め自信をもって生活できるようにする。	
○簡単な身の回りのことがほとんど自分でできるようになる。	○生活の流れがわかり，自分から進んで身の回りの始末をする。
○食事のマナーに気をつけ，苦手なものや嫌いなものでも少しずつ食べようとする。	○全身を使ったあそびを十分にして，寒さに負けず戸外で遊ぶことを楽しむ。
○簡単な約束やきまりを守りながら，友だちと一緒にあそびを楽しむ。	○異年齢の友だちとかかわり，年下の子どもに対して思いやりの気持ちをもったり，進級を楽しみにしたりする。
○行事を通して，地域の人や異年齢児との触れ合いを楽しむ。	○保育者の手伝いを喜び，進んでする。
○身近な自然に触れ，関心をもって遊ぶ。	○伝統的行事に参加し，さまざまなあそびを楽しむ。
○気づき，驚き，発見などを自分から言葉で伝える。	○冬の自然に触れて遊び，発見したり関心を広げたりする。
○自分の気持ちや困っていること，してほしいことなど保育者に自分なりの言葉や方法で伝えようとする。	○嬉しいことや感じたこと，考えたことを言葉で表現したり，相手の話を聞いたりする。
○絵本や童話などからイメージを広げたり，登場人物になったりして，あそびを	○友だちと一緒に身近な素材や用具を使って，描いたり作ったりして遊ぶ。

全体的な計画で示されている３歳児の終わりまでに育ってほしい姿は，保育を通して子どもに育って欲しい姿でした。ですから，年間指導計画も，これを踏まえて作ることになるのです。全体的な計画で３歳児の終わりまでに育ってほしい姿として「生活の流れがわかり，自分でできることは自分でしようとするようになる」と示されているのですから，年間指導計画では３歳の１年間をかけてこの姿を目指して保育をすることを考えるようにすることで，全体的な計画と年間指導計画がつながるのです。

　次に，「生活の流れがわかり，自分でできることは自分でしようとするようになる」ことを目指して，１期から４期それぞれのねらいや各月のねらいを設定します。玉野市の年間指導計画は，年間指導計画と月案が合わさっています。

　年間目標や10の姿はすぐに達成できるものではないため，１期から４期，各月に分けて，それぞれで達成するねらいを決めるようにします。みなさんも，旅行に行くために10万円を貯めることになった場合は，10万円を一気に貯める方法を考えるのではなく，バイトの時間や回数を増やす，買い物に使うお金を減らす，のように，具体的な小さな目標に分けるのではないでしょうか。同じように，年間目標や10の姿を達成するために１期から４期それぞれのねらい，各月のねらいを設定します。別の言い方をすると，１期から４期までのねらい，各月のねらいを達成することで，年間目標や10の姿が達成できるようにします。

　最後に，ねらいを達成するための保育を考えていきます。具体的な保育の内容（年間指導計画では「内容」）やその際の環境の構成や配慮することを考えます（年間指導計画では「環境構成・配慮事項」）。

　このように，保育の計画はそれぞれがつながっていることが重要です。計画同士がきちんとつながっているということは，保育がつながっているということです。それは，子どもの育ちの連続性が保障されるということでもあるのです。

Column 3

子どもの発達

　計画を作る際は，子どもの発達に関する知識が必要です。たとえば，３歳児は自分が好きな遊びに一人で夢中になることは多くても，友だちと共通の目的に向かって遊ぶことは多くはありません。ですから，友だちと協力し合って共通の目的に向かうような遊びを計画しても，うまく進まないでしょう。このように，子どもの発達に関する知識がないと，適切な援助や指導をすることができなくなります。

　ところが，３法令には子どもの発達は詳しく示されていません。2008年に告示された『指針』や『保育所保育指針解説書』では，子どもの発達は「第２章　子どもの発達」としてまとめてありました。そこでは，「おおむね六か月未満」，「おおむね六か月から一歳三か月未満」，「おおむね一歳三か月から二歳未満」，「おおむね二歳」，「おおむね三歳」，「おおむね四歳」，「おおむね五歳」，「おおむね六歳」の８つの区分で子どもの発達過程がまとめられていました。

　ところが，新しい『指針』ではなくなってしまいました。ですから，これからの保育は2017年に告示された『指針』に即して行いますが，子どもの発達に関しては2008年に告示された『指針』の第２章をしっかり読み，月齢別の認知機能や運動機能，言葉や社会性の発達について理解しておきましょう。

10の姿を活用した柔軟な保育

① 保育は計画通りに進まないもの

　3法令では様々な箇所で計画の重要さが示されています。ですが，一方で保育者が立てた計画にこだわらないで，今の子どもに柔軟に対応した保育の重要さも示されています。

　「保育士等は，保育所の生活や遊びにおける子どもの体験について，発達の見通しをもちながら計画を立て，保育を行う。その際，<u>子どもの実態や状況に即して柔軟に対応することが大切である</u>」（下線部は筆者による，以下同）

　「子どもに計画通り「させる」保育ではなく，その時々の子どもの状況や遊びの展開に応じて環境を適宜変えていくなど，保育士等の適切な判断の下，<u>保育が柔軟に行われることが求められる</u>」

　「<u>柔軟に保育が展開されるように</u>，環境を構成し直したり，しばらく継続している遊びに新たな要素を付け加えてみたりするなど，子どもの生活や遊びの連続性を尊重することが求められる」

出典：厚生労働省「保育所保育指針解説」

　このように，保育は，今の子どもの姿に即して柔軟に変えていくことが重要です。なぜなら，保育の目的は計画をこなすことではなく，子どもの育ちを支えることだからです。

② 柔軟な保育とは

　柔軟な保育を考える際には，子どもの興味や関心を踏まえて10の姿を活用するとよいでしょう。

出典：『活動の見える化で保育力アップ！ドキュメンテーションの作り方&活用術』（浅井拓久也，明治図書）以下同

　20ページでも紹介したように，上の写真は，5歳児が園庭に張り巡らされたロープに触れないようにくぐっていくという遊びの様子です。どうすれば体がロープに触れないか，どこを通るとロープに触れずに済むかなど，様々なことを考えつつ，子どもは遊びに夢中になっています。

　しかし，このまま遊びが終わってしまうと，この遊びを通して子どもが育む力が限られてしまいます。なぜなら，この遊びでは一人ひとりの子どもがロープに当たらないように工夫していますが，友だちと相談したり協力したりする場面は少ないからです。10の姿の観点から見ると，この遊びは「健康な心と体」，「自立心」，「思考力の芽生え」の育ちにはつながりやすいですが，「協同性」，「言葉による伝え合い」の育ちにはつながりにくいのです。

　そこで，保育者は子どもの様子を見つつ，タイミングを見計らって，友だちと協力してロープの間を通って遊具を運ぶという遊びを用意しました。

　このような遊びなら，どうやって運ぶかを友だちと相談したり，運ぶ際に協力し合ったりすることで「協同性」や「言葉による伝え合い」が育まれていきます。

　このように，柔軟な保育とは子どもの興味や関心を踏まえたうえで，子どもの育ちにつながるような保育を展開するということです。10の姿は子どもの育ちを10の観点から見るものでもあることから，子どもの興味や関心に即した遊びや遊び方を考える際のヒントとして使えるでしょう。いつも同じような遊びばかり用意していませんか？　遊びや遊び方を工夫することで，子どもは様々な力を伸ばすことができるのです。

③　計画通りに進まないときは，どうすべきか

　保育は計画をこなすことではなく，子どもの育ちを支えることが目的と言われても，つい計画にこだわってしまうことがあります。それは，計画通りに進まないときに，予定していたことはどうすればよいか悩むからではないでしょうか。たとえば，木曜日に折り紙を使って七夕の製作活動をするために，月曜日から水曜日かけて絵本を読んだり七夕に関する歌を歌ったりして七夕に興味がもてるような活動をしようと考えていたにも関わらず，子ども

は園庭の草木に夢中になっているという場合，どうしたらよいでしょうか。

　このようなときは2つの方法を考えてみましょう。

　一つは，子どもの興味や関心に即してねらいを達成できる別の方法を考えるということです。たとえば，東京から熱海へ行くルートは一つではありません。新幹線，ローカル線，あるいは車やバスなど様々です。ゴールに行きつく方法は一つではないのです。七夕に興味をもってほしいというねらいがあり，子どもが草木に夢中になっているのなら，折り紙ではなく草木を使った七夕の製作活動を考えてみましょう。ネット検索すれば様々な保育の仕方を調べることができます。「できない」，「やったことがない」ではなく，どうしたらできるかを考えることが，保育者の想像力や創造力を高めることになります。

　もう一つは，計画のなかのどこかでやればよいと割り切ることです。その週に予定していたことができないときは，翌週，あるいはその月のどこかで実施したり，それも難しい場合は1年間のどこかで実施したりするというように，視野を広くして調整するのです。もちろん，七夕のような行事は季節性があります。そのときでないとあまり意味がないというものもあるでしょう。このような場合でも，たとえば七夕の時期に子どもがまったく興味を示さないのなら，次のひな祭りの行事のときに1年間にどのような行事があるかみんなで調べるという活動をしてもよいでしょう。あるいは，今年はやらずに翌年に七夕の製作活動をするというのでもよいでしょう。行事を行うために子どもがいるのではないですし，乳幼児期の子どもはわくわく！　どきどき！　という感情が伴わない遊びからは学びにくいからです。保育が計画通りに進まないときほど，保育者の腕の見せどころであり，成長する最もよい機会なのです。

3

10の姿を
活用した保育の振り返り

1 10の姿の観点からの振り返り

　保育では，場当たり的な保育をしないために計画を立てます。一方で，計画をこなすことを優先しないように柔軟な保育をするようにします。計画を立て，柔軟な保育を行った後は，やりっぱなしの保育にしないために振り返りがあります。保育では，課題や改善点を見つけ，次の保育に生かしていくために，振り返りが欠かせません。

　振り返りの方法は保育者によって様々ですが，ここでは10の姿を活用した振り返りを紹介しましょう。

事例　**こいのぼりの製作活動**

　こいのぼりの季節を迎え，4歳児クラスを担当する新人保育者のかすみ先生は，こいのぼりを作る保育を考えました。計画では，導入として園舎の裏庭の池にいる実物の鯉を見て，画用紙や折り紙でこいのぼりを作り，完成したものを保育室に掲示することを考えていました。

　しかし，実物の鯉を見た子どもたちは，魚の生態や特徴に興味や関心をもったようです。子どもはかすみ先生が鯉を呼ぶために手を叩く合図に興味を示したり，水中では何分息を止めることができるかと友だちと比べ合ったりし始めました。また，なぜ鯉は合図に気がつくのか，鯉は手を叩く音を聞く耳があるのか，手を叩くしぐさを見ているのか，なぜ鯉は水中で生活できるのに人間はできないのか，鯉は何を食べて生きているのか，なぜ鯉には様々な色があるのか，のように次々と疑問を口にし始めました。製作活動の導入として鯉を見ることにしたのですが，子どもは鯉に夢中になっていました。

なぜ合図に気がつくの？

何を食べて生きているの？

　かすみ先生は，「子どもが興味や関心をもっていないことをしても，子どもには届かないよ」という園長先生の言葉を思い出しました。そこで，こいのぼりの製作活動はいったん中止にして，まず絵本や図鑑で人間と魚の呼吸の仕方や魚の体の特徴について調べることにしました。翌日，魚に夢中になった子どもたちのために，スズランテープや青いビニールシートを使って保育室を海中にして，みんなで魚の動きを楽しみました。

お魚のおうち作ったよ！

水のなかでも光が見える！

鯉はこんなふうに
動いてたよ！

出典：『活動の見える化で保育力アップ！ドキュメンテーションの作り方＆活用術』(浅井拓久也，明治図書)

解説　保育は子どもの育ちを支えるために行うもの

　子どもの興味や関心がどこにあるのか常に考え，子どもの姿から保育を考えるようにしましょう。事例ではこいのぼりを作ることではなく，鯉に夢中になっています。かすみ先生のように絵本や図鑑で人間と魚の呼吸の仕方や魚の体の特徴について調べたり，子どもたちと近所にある川や水族館で魚を観察したりすることは，子どもたちの興味や関心に即した保育になるため，好奇心や探究心を刺激し，楽しみながら学ぶようになります。

　また，こいのぼりの製作活動をするにしても，子どもたちの興味や関心に即した保育にすることで，単にこいのぼりを作って終わりになるのではなく，その活動から様々な学びを得ることができます。たとえば，なぜ鯉は合図に気がつくのか，鯉は手を叩く音を聞く耳があるのか手を叩くしぐさを見ているのか，なぜ鯉は水中で生活できるのに人間はできないのか，という子どもの疑問を踏まえることで，子どもは鯉に耳はあるのか，目はどのくらいの大きさで，どこまで見えているのかなど，様々な角度から鯉の特徴について主体的に考えていくでしょう。

　子どもの興味や関心を把握することで，保育がどんどん広がっていきます。たとえば，鯉に餌を与えるために手を叩く合図をするということから，社会のなかにある合図にはどのようなものがあるのか，もし自分たちだけの合図を作るとしたらどのようなものができるか，という保育へ展開してもよいでしょう。あるいは，園舎の裏庭の池には鯉がいるが近所の池や川にはどのような魚がいるか，なぜ近所の川には魚が少ないのか，という保育も考えれられます。こうした保育を通して，子どもは社会のなかにあるルールや規則の意味や意義，海や川のような自然の大切さや生命の多様性を楽しみながら学んでいくでしょう。子どもの姿から保育を考えることで，様々な保育の展開が見えてくるのです。

次の表は，10の姿を活用して保育を振り返ったり，保育を広げたりするためのものです。頭のなかだけでもやもや考えているより，表を埋めようとすることで10の姿に即して考えやすくなります。

考えている(実際に行った)保育	10の姿	保育の展開
園舎の裏庭の池にいる実物の鯉を見て，画用紙や折り紙でこいのぼりを作り，完成したものを保育室に掲示する。	健康な心と体	魚の動きを模倣したリズム体操をする。
	自立心	動いている鯉を友だちと数える際に自分の役割を果たす。
	協同性	動いている鯉を友だちと数える方法を考え，数える。
	道徳性・規範意識の芽生え	魚を獲るときにはどのようなルールがあるか調べる。
	社会生活との関わり	近所の池や川にはどのような魚がいるかを調べる。
	思考力の芽生え	鯉は何を食べているか予想し合い，話し合い，発表する。
	自然との関わり・生命尊重	鯉は何を食べて生きているか，目や鼻はどうなっているか調べる。
	数量や図形，標識や文字などへの関心・感覚	(鯉を呼ぶときに手を叩くことから)社会のなかにはどのような合図があるか調べる。
	言葉による伝え合い	海洋生物に関する絵本や図鑑を読み語る。
	豊かな感性と表現	画用紙や折り紙ではなく，園庭や公園に行き子どもが各自で素材を集めて作る。

「考えている（実際に行った）保育」を10の姿の観点から見直して，他にどのような展開が考えられるかを考えましょう

これらをヒントにしつつ，子どもの今の姿を踏まえた保育の展開を考えましょう

　次の2つの事例を読んで，(1)10の姿の育ちにつながる場面はどこか，(2)柔軟な保育が見られる場面はどこか，(3)57ページの表を使ってこの後の保育の展開を考えてみましょう。

事例の背景

　次の2つの事例は，岩国東幼稚園の年長クラスで行われた保育です。3つある年長クラスのうちの一つの年長クラスが夏祭りを開催し模擬店を出店するという保育です。模擬店には，金魚すくい，綿菓子，かき氷，たこやき，焼き鳥，輪投げ，的当て，お面があり，他の年長クラス，年中クラスはお客として模擬店を訪れ，模擬通貨を利用してゲームや買い物をします。担任はマキ先生。担当している年長クラスは年中クラスからの継続です。

事例1　焼き鳥

　マキ先生は当初は模擬店のなかに焼き鳥店を入れることを考えていませんでした。ですが，子どもたちから焼き鳥店をやりたいという声があがり出店することにしました。マキ先生は子どもが焼き鳥を作るために，発砲スチロール，スポンジ，竹串を用意しておきました。折り紙のような紙で焼き鳥を作るより，発砲スチロールやス

写真1

発砲スチロールだけではなく，折り紙や新聞紙も活用

ポンジのほうが作りやすく，竹串に刺しやすいと考えたからです。ところが，子どもたちは折り紙や新聞紙がほしいとマキ先生に伝えたため，急きょ用意

をすることにしました。子どもた
ちは、スポンジも活用しつつも、
ほとんどの焼き鳥を折り紙や新聞
紙で作りました。また、焼き鳥を
焼く網や焼き鳥をのせる皿が必要
であることにも気がつき、教室の
なかにある素材で作り始めました
（写真1～4）。

写真2

食材に応じて折り紙を
変えて…

おいしそうな焼き鳥が
完成！

写真3

写真4

発泡スチロールのかけらが
たくさん出た

写真5

　焼き鳥の製作が終わりに近づい
た頃、机の上に発砲スチロールが
細かくなったものが点在していま
した。マキ先生は片付けるために
子どもに声をかけようかと考えた
が、黙っておくことにしました。
すると、子どもが塩を作ろうと言
い出しました。子どもたちは、発

砲スチロールが細かくなった粒状のものを見て，塩を連想し，焼き鳥を作る際には塩が必要であるという実際の体験を思い出し，塩を作ろうという結論に至ったようです。塩を作ろうという意見が出始めると，今度は塩を入れておく容器が必要ではないか，夏祭りで見た焼き鳥店では長細い筒状のものを振っていたという意見が出てきました。焼き鳥を作り終えた子どもたちは，塩を作ったり，容器を作ったりと活動が展開していきました（写真5，6）。

ところが，容器が完成した際に問題が発生しました。容器のなかに塩を入れたあと，両側をラップフィルムで閉じてしまったため，塩を振っても出てこなかったのです（写真7）。そこで，焼き鳥を作る際に使用した竹串で片側だけ穴を開けてみましたが，穴が小さく，塩は出てきませんでした。子どもたちは集まり，力強く振ったり，振り方を変えたりしたものの，塩は出てきません（写真8）。一人

塩を作ることに。容器はどうしようか…

写真6

ラップの芯とラップフィルムで塩の容器を作成

写真7

あれ，塩が出てこない…

写真8

の子どもが，穴を大きくすれば
いいんだと声をあげました。早
速，竹串やアイスピックを使っ
て穴を大きくしたところ，塩が
出てきました（写真9）。子ど
もたちは，完成した焼き鳥に塩
を振り，満足げな表情を浮かべ
ていました。

竹串やアイスピックで穴を大きくしてみると…

写真9

事例2　的当て

男児を中心に，的当ての店を開く準備が始まりました。マキ先生は，的当ての的というとダーツの的のような丸いものを想像していたため，画用紙や色鉛筆，マーカーペンの素材を用意しておきました。また，これまでの遊びのなかで，新聞紙を丸めて，それに輪ゴムをかけて飛ばす遊びをしていたことから，的当てでも同じようにするかもしれないと思い，新聞紙，輪ゴムを用意しておきました。

ところが，子どもたちは丸い的を作ることはせず，教室内にあった紙コップを持ってきて，的にすることにしたのです。どうやって組み立てるか話し合い，横に広げたり，縦に積んだり試行錯誤していました（写真10, 11）。

次に，的に当てるものは，新聞紙でも輪ゴムでもなく，教室内にあったカップラーメンの容器でした（写真12）。

こうして無事に的当ての店の準備が完了しました。

写真10
的当ての的は何で作ろうか…

写真11
紙コップをどう組み立てるといいかな？

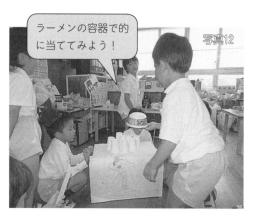

ラーメンの容器で的に当ててみよう！
写真12

夏祭り当日，開始してしばらくすると的当ての店だけお客がいなくなってしまいました。カップラーメンの容器がうまく的に当たらないことと，当たっても衝撃力が弱く的が倒れないことから，お客である子どもたちはつまらないと感じたからでした。とくに，年少クラスの子どもたちはカップラーメンの容器を上手に投げることができず的に当たることもなく，1，2回やって

うまくいかないと，次のお店に行ってしまったのです。的当て以外の店はたくさんのお客で繁盛しているにも関わらず，自分たちの店だけお客がいない状態になってしまいました。すると，的当て店の子どもたちはお店をいったん

お客さんがこない！
緊急会議を開催することに…

写真13

閉店すると言い，緊急会議を始めました（写真13）。

　突然，教室内にドン！　ドン！　という音が響き渡りました。しばらくすると，またドン！　ドン！　と響き渡ります。的当ての店からでした。そこでは，年少クラスの子どもたちが的を蹴っており，そのときの音が響き渡っていたようでした。その様子を見たマキ先生は何が起きているのか最初は理解できませんでした。ケンカでも始まったのだろうか。それとも，うまくいかないから投げやりになってしまったのだろうか。複雑な思いを抱きながら的当て店の子どもたちに聞くと，子どもたちは的当ての店を再開するにあたって，的当てのルールを変えたことをマキ先生に伝えたのでした。

　当初は，紙コップで作った的に，カップラーメンの容器を当てて的を倒す

というルールでした。しかし，それではうまくいかず，お客は楽しくないことがわかったようです。そこで，ルールを変更したのでした。年長クラスのお客にはカップラーメンの容器を使うという点はそのままにして，投げ方のコツを教えてから投げるようにしたのです。一方，年中少クラスのお客は的を蹴って倒してよいというルールに変更しました。蹴れば絶対に的が倒れるから楽しいよと一人の男児が提案したことがきっかけでした。子どもたちはルールを変更した際，年長と年中少によって適用するルールを変えていたのです。このルール変更によって，お客は戻ってきました。

　夏祭りは2日間，開催されることになっていました。そのため，1日目が終わり，クラス全員で翌日に向けた片付けをし，店ごとに反省会を行いました。金魚すくいの店は金魚の数を増やすため金魚を作り，輪投げの店は輪が壊れやすいという課題を見つけ，ガムテープで補強していました。的当ての店の子どもたちも教室のなかにあるものを持ち寄り，何か作っていたようですが，反省会の内容は各店を担当する子どもたちに任せていたので，マキ先生は様子を見るだけにとどめていました。

　翌日，夏祭りの2日目が開催されました。年長クラスをはじめに，各クラスの子どもたちがお客として来場し始めました。すると，的当ての店にはすぐにお客の行列ができ，早くしてよ！　もう交代してよ！　と大盛況だったのです。マキ先生は昨日のルール変更がうまくいったのだと思っていましたが，今日はドン！ドン！　という音がしないことが気になり，様子

ルールや道具を工夫をして大盛況に！

写真14

を確認しに行きました。すると，的当ての店は遊び方が大きく変わっていたのでした。まず，的になる紙コップに色がついていました。色がついたコップを狙うように変更したのです。次に，昨日まではカップラーメンの容器であったものはゴム鉄砲に変わっていました（写真14）。

　昨日の反省会で子どもたちから，蹴るだけではつまらないのではないか，年長クラスのお客とやり方が違うから年中少クラスのお客はつまらないのではないか，どうしたら年少クラスのお客も確実に的を倒せるかを考えた結果，ゴム鉄砲を思いついたようです。最後に，床にテープを貼り，お客によってゴム鉄砲を撃つ位置を調整できるようにしていました。年長クラスは後ろのラインから，年中少クラスは前のラインから撃つことで難易度の調整ができるようになっていました。

　的当ての店は夏祭りが終わるまで，絶えずお客が順番を待つ一番の人気店になったのでした。

② ドキュメンテーションを活用してみよう

　保育の振り返りにはドキュメンテーションを使うとよいでしょう。ドキュメンテーションとは，写真や動画を使って保育や子どもの育ちがわかるようにまとめたものです。ドキュメンテーションを作る過程やドキュメンテーションを読み返すことで，保育の振り返りをするのです。

雨ってふしぎ

対象：すみれ組　作成者：池下桃代
作成日：平成30年7月5日

保育のねらい●雨の日の遊びを知り、友達に自分の思いを伝える。

触ると冷たいね！
雨って色々な形が
あるね！

●振り返り

　雨がたくさん降った日に、靴箱の前に全員で出て、雨に触れてみました。保育者が「雨ってどんな形かな？」と声をかけると、「まるいのとか、真っ直ぐで大きい雨もあるなあ、屋根から落ちとるのはまるじゃなあ」と考えながら発言する姿が見られました。その後、6月の壁画製作のあじさいの周りに雨を描いてみると「さっきの雨はまるだったけんまるで描いてみよう」や「雨ってクレパスだったら何色で描いたらいいんだろう…透明だから白色かな？」と窓の外を見ながら、考える姿が見られました。（豊かな感性と表現）

　自分で気付いたことがあれば、友達に知らせてくれるすみれ組さんですが、雨の絵を描いている時には、自分の思いを友達に上手に伝えきれずに「雨って水色に決まっとる！」と怒って自分の思いを表現する姿も見られました。保育者は、「黄色の屋根から落ちてくる雨は黄色に先生は見えるけどみんなはどうかな？」や「雨の中をじっと見つめてみるとその奥に小学校が見えるから色々な色を使って描いてみてもいいかもね。」と声をかけました。これからも一人一人の思いを大切にしながら、楽しい会話が続く絵画製作をしていきたいと思います。（言葉による伝え合い）

出典：『活動の見える化で保育力アップ！ドキュメンテーションの作り方&活用術』（浅井拓久也，明治図書）

　このドキュメンテーションでは，「振り返り」の箇所に10の姿のなかの「豊かな感性と表現」と「言葉による伝え合い」が示されています。これは，振り返りをする際に10の姿の何を意識して振り返りをした，どのような場面で10の姿の育ちが見られたのかを明らかにするために書かれたものです。「豊かな感性と表現」の観点から今日の保育を振り返ることで，「６月の壁画製作のあじさいの周りに雨を描いてみると「さっきの雨はまるだったけんまるで描いてみよう」や「雨ってクレパスだったら何色で描いたらいいんだろう…透明だから白色かな？」と窓の外を見ながら，考える姿が見られまし

た」というように，子どもの育ちに気がつくのです。何となく一日を振り返るのではなく，10の姿から子どもの言動を振り返ることで，子どもの育ちや保育の課題，次の保育の展開が見えてきます。

　このように，ドキュメンテーションを通して振り返りをすることで，保育者自身も気づきを得やすくなります。また，写真によって保育を見える化しておくことで，同僚保育者からも意見，助言を得やすくなります。自分では気がつかなかった視点や課題を同僚から教えてもらうことで，保育の幅が広がったり，子ども理解が深まったりします。

　また，園内にドキュメンテーションを掲示することで，子どもは写真から遊びの振り返りができます。写真を見ながら様々なことをつぶやいたり，友だちと話し合ったりするでしょう。保護者も様々な思いを口にするでしょう。こうした言葉のなかにこそ，保育をよくするためのヒントがたくさん含まれています。子どもや保護者の言葉を受け止めることで，よりよい振り返りになっていきます。

　ドキュメンテーションを使うことで，振り返りがしやすくなり，振り返りの質も向上します。それは，保育の質が高まることでもあります。ドキュメンテーションの作り方や使い方をさらに学ぶためには，『活動の見える化で保育力アップ！ドキュメンテーションの作り方＆活用術』（浅井拓久也，明治図書）を参考にしてください。

　10の姿は保育者にとって道具のようなものです。道具は，知っているだけではあまり意味がありません。道具は，使えば使うほどその道具のことがよくわかり，使い方も磨かれていきます。10の姿は，たまに思い出したように使うものではなく，日々の保育のなかで常に意識して使うことで，より理解が深まり，保育の質を高めるために使えるようになるのです。

3章

「10の姿」を育む！
効果的な ICT 活用アイデア

直接体験が必要な
子ども時代にこそ ICT の活用を

　私は，岩国東幼稚園に勤務して26年目を迎えました。

　私と視聴覚教育との出会いは，勤務して10年目を迎えた頃です。当時，研修部長であった園長先生から，山口県視聴覚研究会への誘いを受けたことがきっかけでした。ですが，当時の私は，視聴覚教育に対して，かなり消極的でした。どうして，現代のメディア漬けの時代に視聴覚教育が保育に必要なのか？　果たして，研究するに値するものなのか？　もっと他にやるべきことがあるのではないか？……などなど，どこか腑に落ちない思いでの参加でした。

　というのも，私たち保育者にとってバイブルとも言える『幼稚園教育要領』や『保育所保育指針』では，実際に触れる，見る，聞く，嗅ぐなどの五感を伴う直接体験が何よりも重要視されていましたし，幼児教育全体の風潮として，テレビ視聴などは軽視される傾向にありました。実際，私自身も，幼稚園でテレビを視聴させるくらいなら，外で思いっきり遊ばせたほうがよほど子どもの成長にプラスになると考えていました。とりわけ，視聴活動を遠ざけていた一番の決め手である，テレビ視聴＝保育を怠るというイメージを，どうしても拭い去れなかったのです。

　そんな折，朝の情報番組で「音の博物館」という話題が目に留まりました。そこには，何百種類という音が映像とともに集められていて，自分の聴きたい音を自由に視聴することができるというものでした。何となく，テレビ画面を見ていると，思わずハッと心を掴まれる映像と音が私の目に飛び込んできたのです。それは，「かたつむりが這っているときの音」というものでした。確かに生命が存在するということは，そこで何らかの音を発しているということを意味します。至極当たり前のことですが，実感としてこれまでに考えたこともありませんでした。実際には聞こえていない世界が，聞こえて

くるという不思議な感覚に深く心揺さぶられたことを，今でもはっきりと覚えています。そして，その映像から流れる生命力に満ち溢れた音は，命というものを肌で感じることのできる実体験にも勝る体験でした。

　次の瞬間，今まで私がもっていたかたつむりへの知識が，いかに不確かで曖昧なものであったかという純粋な疑問が頭を過ったのです。つまり，「私はかたつむりという生き物をよく知っている，と思い込んでいた」という自分の無知さを改めて思い知らされたということでした。

　ここで強調したいことは，私たちが知っている，わかっていると考えている既存の知識の多くは，実際には，いくらも解き明かされていないことのほうが多いということです。

　現在のデジタル技術は私たちの想像を超えた情報とともに驚きや感動を私たちに届けることを可能にします。このように考えると，ICT などの視聴覚教材は，今までにない感覚知を子どもたちのもとに喚起する教材となり得るのではないか？　と思えてきました。

　こうして，私の視聴覚教育への飽くなき探求は始まりました。

　これからは，人とは違う自分なりの感覚に研ぎ澄まされたオリジナリティー溢れる新しい価値観や創造性が求められていく時代がやってきます。さらに言えば，これからの超デジタル時代は，指先一つで誰でも簡単に取り出すことのできる知識だけでなく，どのようにわかっているのか，という深いところでの知的理解とセンスが要求されてきます。

　本章では，10の姿を育むうえで，ICT がどのように活用できるか，保育者の身近な課題やこれからの学びへの展望など，具体的に何ができるのかを考えていけたらと思います。そこで，本章では，岩国東幼稚園の ICT 活動の取り組みを紹介します。

　超情報化社会を生きるこれからの幼児教育のあり方について，少しでも考えていく手がかりとなれば幸いです。

次世代の学びを開く
新しい保育のかたち

 幼保・小をつなぐスタートカリキュラムに向けて

　1章で述べたように，平成30年4月に改訂・改定された幼児教育に関する各法令『幼稚園教育要領』『保育所保育指針』『幼保連携型認定こども園教育・保育要領』において，3歳から卒園までの子どもの成長を考えるための視点として「幼児期の終わりまでに育ってほしい姿」が示されました。

　すなわち，「健康な心と体」「自立心」「協同性」「道徳性・規範意識の芽生え」「社会生活との関わり」「思考力の芽生え」「自然との関わり・生命尊重」「数量や図形，標識や文字などへの関心・感覚」「言葉による伝え合い」「豊かな感性と表現」です。

　これらの10の姿は，5領域にある資質や能力といった育みたい子どもの姿を，より具体的に提示したものです。そして，後に小学校につながっていく3つの資質「知識及び技能の基礎」「思考力，判断力，表現力等の基礎」「学びに向かう力，人間性等」の基盤でもあります。

　今後，どの幼稚園や保育園，認定こども園においても，10の姿に照らしたカリキュラム作りや教育課程への取り組みが重要となってきます。たとえば，自分たちの園では，体験活動や経験のどの部分が，これらの姿に当てはまるのかを考察したり，見直したりするなどの確認作業が求められるでしょう。つまり，より意識的に小学校への育ちのイメージを意識して日々の保育を考えていこうという，いわゆるスタートカリキュラムに向けての取り組みです。

　この章では，これからの幼児教育の要となる「幼児期の終わりまでに育ってほしい姿」を日々の生活や活動のなかでどのように捉えていけばよいか。あるいは，幼児期につけておきたい力を培うためには，どのような活動を仕組んでいけばよいかについて，保育における不易（変わらないこと）と流行に照らして考えていきたいと思います。

スマホネイティブ時代の子どもたち

　まず，現代の子どもたちの発達の固有性について考えてみましょう。

　スマホネイティブと呼ばれる現代の若者や子どもたちは，生まれてすぐに，様々なデジタルデバイスに囲まれた環境の下で育ち，自らの生活に必要な情報の多くをこうした身近なデジタルデバイスから獲得しています。生態学的な観点からも，私たちの生活・習慣・発達に多大な影響を与えていることは言うまでもありません。

　したがって，今の子どもは，かつての自然体験などの直接体験を中心としたアナログ世代の子どもたちとは，生活体験や学びの質，認識そのもののあり方が大きく変化してきていると考えられます。

　こうした状況を踏まえ，新たに改訂された『幼稚園教育要領解説』では，「第4節3　指導計画の作成上の留意事項」として，「（6）情報機器の活用」が新たに明記されました。そこには，「幼児期は直接的な体験が重要であることを踏まえ，視聴覚教材やコンピュータなど情報機器を活用する際には，幼稚園生活では得難い体験を補完するなど，幼児の体験との関連を考慮すること」とあります。すなわち，実際の幼児教育の現場でも，新しい学び環境としての，情報化時代の子どもに即した新たな教育環境の工夫と教育方法の導入が必要となっていることを意味しています。

　つまり，保育者は，子どもたちを取り巻く環境の変化を感じ取りながら，幼児教育における不易と流行を踏まえ，幼児の生活や育ちの実情に合った教育活動を創り出していく工夫が必要とされます。

　ここで言う不易とは，保育者が，常に原点に立って向上させていかなくてはならない，従来から重要視されてきた本質的な資質です。一方，時代の変化に伴い，新たに保育者に求められる資質は「流行」として位置づけられます。デジタルデバイスを活用した間接体験活動を幼児教育の場に導入することなどがこれに当てはまるでしょう。今後は不易を基盤にしつつ，流行の側面にも光を当てた教育活動の工夫が必要となってきます。

スマホ時代を生きる子どもの体験と学び

　幼児教育に関するあらゆる書物を開いても，「「直接体験」が大切！　とにかく幼児期は，五感を使った体験をしっかりさせてあげましょう」などの記述を多く目にします。しかしながら，今の時代はかつての自然を相手に伸び伸びと自由に遊べた環境は，著しく失われています。また，超少子化の影響により，子どもたちの周囲には，いつでも遊べる友だちや地域の子ども集団もなくなりつつあります。

　それらに取って代わったものが，スマートフォンなどです。これらの身近なデジタルデバイスは，今や，子どもたちの恰好の遊び相手です。こうした状況を考えていくと，幼稚園や保育所などの施設だけが，子どもたちが同年齢間，異年齢間など様々な形で交わって遊ぶことのできる唯一の場となっていくのも，もはや時間の問題と言えるでしょう。

　現代の子どもたちに，幼児教育の不易の部分，すなわち，時代や環境の変化に関わらず確かな体験を保証していくためには，園でどのような取り組みや工夫が必要になってくるのでしょうか。

　先にも述べたように，幼児期の子どもは五感を使った具体的で直接的な体験によって，よりそのものを理解しようとする特性をもっています。しかしながら，現代のスマホネイティブ時代の子どもたちは，実体験を伴わない身近なデジタルデバイスから，様々な情報を取り込んでいく術を既に身につけています。

　つまり，彼らが獲得している「見たことがある。聴いたことがある。知っている」などの知識の多くは，間接的な体験によって獲得しているということになります。

　しかし，そのような偏った知は，生涯にわたってその人を支え導くような確かなものと成り得ません。やはりそこに，感情が付随したリアリティーが伴っていかなければ，本物の知は形成されていかないでしょう。

　今の子どもたちに，生涯を支える確かな知を育むためにも，多様で具体的な体験を実現していく工夫が必要ということになります。すなわち，従来の

教育活動に加えて，現代の子どもの習性を踏まえた教育活動を新しく創り出すのです。なぜなら，子どもの習性や生活に根差した体験知にこそ，生活者としての生きた学びを生き生きと躍動させる力があるからです。

幼児教育の本質を見抜く

　以上の視点を踏まえ，ここでは流行の部分に注目して，デジタル教材の導入も視野に入れた教育活動について考えてみましょう。

　まず，要となる2つの用語を紹介します。一つは「情報活動」という言葉です。これは，デジタルデバイスなどを活用したICT教育の活動のことです。もう一つは「デジタル教材」という言葉です。これは，デジタルデバイス全般を活用したICT教育における教材のことです。

　教育活動へのデジタル教材の導入にあたっては，留意点があります。それは，デジタル教材だからこそ実現できる活動となっているか，活動に対する明確な目的とねらいをもつことです。そこを押さえておかなければ，デジタル教材のよさを十分に生かした情報活動にはなっていきません。

　以下は，岩国東幼稚園の情報活動における基本姿勢を示したものです。

　まず1つ目は，デジタル教材の可能性について，しっかりと理解し，導入後のイメージをもつということです。たとえば，使用するデジタルデバイスには，どのような機能があり，どのような使い方ができるのか。活動のどの部分と組み合わせていけそうかなど，導入した際の具体的な活動イメージをもつことです。

　2つ目に，デジタル教材を導入することによって，どのような世界が子どもたちに開かれていくのか。つまり，これまでの直接体験だけでは得られなかった気づきや発見が，導入によってどのように生まれてくるのかのような，その後の学びの広がりに対する確かな問いをもつことです。

　3つ目は，決して個人だけの学び・活動で終わらせないということです。常に「集団としての学び」を意識し，取り組む姿勢が大切です。

ICT は，それ自体で単独の活動となり得る教材です。使い方によっては，安易な活動へと流れてしまう可能性も出てきます。たとえば，子どもにタブレットやマウスを握らせて，一方的に活動させておけば「それでよし」とするのであれば，「集団としての学び」どころか教育そのものを台なしにしてしまいます。最悪の場合，教材依存に陥る可能性も出てくるでしょうし，これまで積み上げてきた園のよさをも損ないかねません。

とくに，就学前の子どもにとって，集団のなかでの仲間との協同的な関わりによって生まれてくる対話的で深い学びは，ものの見方や価値観を変化させていくほどの大きな働きをもっています。

従って，導入するにあたっては，各園それぞれに情報活動の基本的な考え方や姿勢を決めたうえで取り組むことが重要だと言えます。

幼児の発達特性から考える

まず，私たちの身近にある視聴覚教材から，具体的な情報活動へのイメージを膨らませてみましょう。

園生活において，昔からペープサート・パネルシアター・紙芝居・絵本などの教材は身近な教材として教育場面で日常的に活用されています。こうした視聴覚教材のよさは，より具体的な色彩，音声，動きや語りを即座に子どもに伝達できるところです。また，知識だけでなく，子どもの心を揺り動かすような感動体験をもたらしたり，子どもの会話や遊びを豊かにするという効果もあります。さらに，動画映像は幼児にとって「見て，まねて，覚える」という観察学習の対象にもなりやすく，特に３歳頃からは，テレビのヒーローとの同一視や話題の人物の模倣などが盛んに行われるようになってきます。

このように，子どもは，直接体験と間接体験との区別が明確ではありません。そのため，子どもはバーチャルのような間接体験であっても，実際に見たり，聴いたりする直接体験と同じように感じたり，そのものを認識するという特徴をもっています。つまり，この両方の体験をうまく組み合わせてい

くことによって，今までの活動を超える新しい体験領域を生み出すことが可能となっていくのです。

新しい活動領域を開く

　では，教育活動におけるデジタル教材の効果と可能性について考えてみましょう。たとえば，ICT は単純な手順と操作で手軽に活用することができます。その特性を生かせば，子どもが日々の生活で遭遇する「なぜだろう？ どうしてかな？　面白そうだな。試してみよう」などの知的な芽生えに応じて，必要な情報とタイミングよく出会わせていくことができます。

　さらに，簡単な操作で自在に再体験や追体験が可能です。とくに，行きつ戻りつしながら，自ら興味を拡大していく幼児の学びの特性から考えても適した教材となります。また，その手軽さに加えて，子ども一人ひとりの興味・関心の度合いや学びの質に合わせて活用がしやすいという利点もあります。手軽に使えるスマートフォンなどは，動画・検索・編集・多様なアプリケーションも備わっていることから，子どもの認知レベルに応答できる極めて有効な補完教材（直接体験だけでは不十分なところを補って確かな体験とすること）となります。

　こうしたデジタル教材のよさを日々の直接体験に組み込んでいくことで，今までに味わったことのない新しい学びの領域が拡大していくでしょう。

　すなわち，子どもたちが日々出会う直接体験での五感を伴う学びだけでなく，デジタル教材を生かした間接体験による学びも適時に出会わせていくことで，双方の学びが互いに応答しあう学びの領域を子どもたちのもとへと開いていくことができます。これが「応答的中間領域」と呼ばれる新しい活動領域です。こうした「応答的中間領域」での重層的な体験によって，直接体験だけでは十分に得られなかった気づきが確かなものとなり，体験そのものに一層の広がりと深みが増していきます。さらに，これらの体験を積み重ねていくことによって，日常の遊びや生活をより発展させたり，深化させたりすることが大いに期待できるでしょう。

3 幼保・小の学びをつなぐ「気付き」に着目した教育活動

　前章は，幼保・小をつなぐ育ちの目安として10の姿に照らして今の子ども
の姿を見ていこうというものでした。本章では，これらの10の姿を踏まえ，
幼保・小の学びの側面にも注目し，教育活動を具体的に考えていきたいと思
います。とくに，『幼稚園教育要領』と『小学校学習指導要領』の学びの姿
として重要視されている「気付き」について考えていきましょう。

① 就学前の学びの特徴～無自覚的な学びから自覚的な学びへ～

　文部科学省は2010年に「幼小接続・座長試案」で，幼稚園から小学校への学
びの連続性・一貫性に関する教育体系を表わしました。すなわち，教育の目
的・目標・→教育課程→教育活動という流れで展開される教育の３段構造で
す。そこでは，幼児期（特に幼児期の終わり）から児童期（低学年）における「学
びの基礎力」の基盤として次の「三つの自立」が教育目標に掲げられています。

> 「学びの自立」「生活上の自立」「精神的な自立」

　これは，平成30年改訂においても引き継がれている重要な視点です。とく
に，この度は幼児期に育てたい10の姿としてその具体が示され，一層，接続
に向けた取り組みが求められています。もちろん，三つの自立と10の姿は深
く関連しています。
　そのうち「学びの自立」については，次のように定義されています。

> 　自分にとって興味・関心があり，価値があると感じられる活動を自ら進んで行
> うとともに，人の話などをよく聞いて，それを参考にして自分の考えを整理した
> り，さらに深めたりして，自分の思いや考えなどを適切な方法で表現すること

とくに，幼児期の学びは，児童期の各教科の授業を通した学びとは異なり，子どもの興味・関心に基づく活動によって生まれてくるとされています。

では，子どもの学びとは，どのような姿であり，そして，子どもの学びが深まっていく瞬間とは，一体どういう状態を指すのでしょうか。

発達的側面で考えると，幼児期の学びは，「無自覚的な学び」といわれています。自分が楽しいこと，夢中になることが，そのまま学びとなっていきます。ですから，夢中になって遊び込んでいる子ども自身に"学んでいる！"という自覚はありません。

一方，児童期の学びはというと，「自覚的な学び」です。つまり，自ら目的をもって，必要な知識や技術を習得しようとする，あるいは自分が何を学んでいるのか理解できている状態を指します。

こうした学びの意識的な変化は，ある日突然劇的に起こるものではありません。これらは，知的発達や社会性の育ちとともに徐々に高い次元へと変化していくものです。とくに，就学前の子どもは，この両方が著しく成長する時期であり，「無自覚的な学び」から「自覚的な学び」へと学びの質が変化しいく移行期にあたると考えます。

② 「気付き」と学びの関係

後の学習につながっていく体験となっていくためには，体験に含まれている様々な価値を見抜く確かな視点をもつことが大切です。

『幼稚園教育要領』（文部科学省，2018）では，ふさわしい育ちの姿として「気付き」という言葉が非常に多く使われています。たとえば，各領域での内容に関する記述には，「相手の思っていることに気付く」「言葉の楽しさや美しさに気付く」「生命の尊さに気付き」等とあります。また，『幼稚園教育要領解説』（文部科学省，2018）においても 幼児期の特性を，「友達がいることの楽しさと大切さに気付いて」「……存在であることにも気付き」などと記されています。このように，子どもの内面の育ちやあり様として「気付

き」という語が意図的に使用されていることがわかります。

　では，なぜ幼児教育では，この「気付き」が子どもの育ちのあり様を見取る言葉として頻繁に使われているのでしょうか。

　とくに，「気付き」という言葉は，幼・小をつなぐ言葉として，生活科でも重要視されています。

　小学校の『学習指導要領解説生活編』（文部科学省，2018）では，次のように示されています。

> 　生活科でいう気付きとは，対象に対する一人一人の認識であり，児童の主体的な活動によって生まれるものである。そこには知的な側面だけではなく，情意的な側面も含まれる。自分が「あれっ」「どうして」「なるほど」などのように何らかの心の動きを伴って気付くものであり，一人一人に生まれた気付きは吟味されたり一般化されたりしていないものの，確かな認識へとつながるものとして重要な役割をもつ。無自覚だった気付きが自覚されたり，一人一人に生まれた個別の気付きが関連付けられたり，対象のみならず自分自身についての気付きが生まれたりすることを，気付きの質が高まったという。気付きは確かな認識へとつながるものであり，知識及び技能の基礎として大切なものである。

　つまり，子どもの「気付き」は，小学校以降につながる学びの素地となる「確かな認識」へとつながり，「知識及び技能の基礎」と大いに関係することがわかります。

　とくに，幼児期は，主体的な遊びを通した，「人・モノ・こと」との関わりによって，自分の周りの世界を認識するという特性をもっています。

　その原理に当てはめると，多く体験をすれば，それだけ多くの「気付き」が生まれ，後の学びにそのまま反映されていくということになります。

　しかし，むやみやたらと多くの体験の場を与えるだけで，後の学びを支える「確かな気付き」を育むことはできるのでしょうか。

「気付き」の質をどう高めるか

　日々生まれてくる「気付き」をより質のよい方向へと変化させていくためには，どのような心がけが必要なのでしょう。つまり，「気付いていればなんでもよい」という安易な方向へと流れないための心構えです。

　過去に遡ってみると，平成11年の『学習指導要領　生活編』で初めて「知的な気付き」という言葉が明記されました。なぜ，あえて知的という言葉がこの改定で付け加えられているのか。ここに，「気付き」が学びへと変化するための重要な意図が隠されています。

　また，この度の生活科においては，「気付き」は主体的な活動であることを前提として，知的な側面に加えて情意的な側面が伴うことが重要とされています。

　これを幼保・小の育ちから捉えると，子どもが，「面白い」「不思議だなぁ」「かわいいなぁ」「どうにかしたい」など，自分が対峙する対象に身を置いて考えたり，対象に心を寄り添わせ，関わりをもち続けたいと思えるような活動ということになるでしょう。

　さらに，ここで押さえておきたいことは，後の学びへとつながる可能性の高い「気付き」の中身についてです。

　私は，片上宗二氏（安田女子大学大学院栄誉教授）の生活科における「知的な気付き」の構造を参考にして，幼保・小につながる「知的な気付き」の構造を次のページのように表わしました。

　すなわち，「気付きの領域」である「特徴づけ，アイデア，比較，関係づけ，分析」などの思考を通して，「得られた考え方を自分なりの論理で言い表すところのもの」が「知的な気付き」であり，これらが後の科学的思考・概念的思考・合理的判断・道徳性・美意識・創造力・言語力・問題解決能力を生み出す基盤になっていくと考えられます。

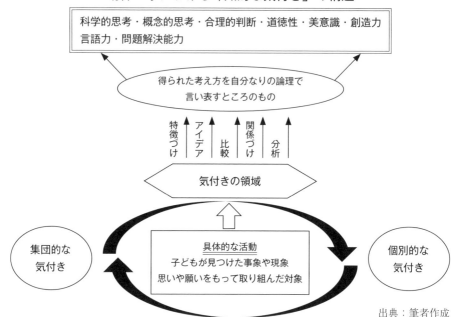

幼保・小における「知的な気付き」の構造

科学的思考・概念的思考・合理的判断・道徳性・美意識・創造力
言語力・問題解決能力

得られた考え方を自分なりの論理で
言い表すところのもの

特徴づけ　アイデア　比較　関係づけ　分析

気付きの領域

集団的な
気付き

具体的な活動
子どもが見つけた事象や現象
思いや願いをもって取り組んだ対象

個別的な
気付き

出典：筆者作成

　とくに，就学前での子どもの「気付き」が，後にどのような学びへとつな
がっていくのかを保育者が理解しておくことは，幼保・小の土台作りのため
にも重要なことです。保育者が，これらの学びのイメージを頭に描きながら
自らの教育を見直したり，立て直したり，活動を仕掛けたりなど，子どもた
ちの生活を意識的に捉えていくことによって，日々の教育をより質のよいも
のへと変化させていくことができるようになります。

④ 「気付き」と保育者の役割

　幼保・小の関連から，子どもの学びには，園生活での「気付き」がいかに
重要であるか説明してきました。
　次に，保育者の役割について考えてみましょう。保育者は，子どもに適度
な環境を与えて，ただ優しく見守っていればよいというものではありません。

後に，学びへと変化する「気付き」を見抜く「確かな目」をもつとともに，その場の状況に応じた適切な働きかけが欠かせません。すなわち，その両者が絡み合うことにとって，それらの体験は一層価値のあるものへと変えられていきます。では，具体的にそれは，どのような働きかけなのでしょうか。私は，子どもが自ら関わってみたくなるような保育者の意図的な仕掛けが，とくに学びの質の移行期である就学前の幼児期とって大変重要であると考えています。

　秋田喜代美氏（東京大学教授）は，こうした保育者の意図的な誘いや働きかけのことを「注意の方略」という表現を用いて次のように述べています。

―「保育者が五感を働かせ注意を喚起することによって初めて，子どもの周りの環境が意味ある環境になっていくことがわかります。『注意の方略』が出会いをつくります」出典：『保育のこころもち』（秋田喜代美，ひかりのくに，2008）

　つまり，「注意の方略」を保育に意識的に用いることによって，それまでは気がつかれずに透明だった世界が特別な価値をもつようになり，日々の生活に新たな彩りが添えられていきます。とくに，タイムリーな情報を適時提供できるデジタル教材は，こうした「注意の方略」を仕掛けていくうえで効果的であるといえます。

　現代の子どもたちにとって，メディアは環境の一部であり，ごく自然に子どもたちの感覚に入っていきます。しかし，そうしたメディアが子どもたちの経験として必ずしも深い関わりをもち，根づいていくものとは限りません。その感覚を特別な感覚へ変化させていくためには，触覚・臭覚・味覚などの五感を伴う直接体験は欠かせません。園生活では，直接体験による経験をしっかりと保証するとともに，デジタルデバイスによる「注意の方略」を組み合わせていくことで，自分から進んで見ていくことや聴いていくことへと注意が向けられていきます。つまり，「知っていること」「わかっているということ」を，「より丁寧に見ること」「より丁寧に聴くこと」へと変えていくことが可能となっていくのです。このように，デジタルデバイスなどを含めたデジタル教材の活用は，使い方次第で，子どもの感覚を磨き，体験の質をより一層高めていく教材となり得ることが大いに期待できるでしょう。

4 「10の姿」を育む ICT を活用した 教育活動のアイデア

 ① スマートフォンとデジカメで子どもの育ちが客観的に見えてくる

　身近にあるデジタルデバイスを有効に活用することによって，教育の質を高める可能性が格段に広がっていきます。身近なところでいうと，教育の振り返りなどの園内研修への活用があげられるでしょう。

　具体的な表情や場面が可視化できる写真や映像を用いることで，エピソードそのものが生き生きと実感をもって語られていきます。保育者同士でお互いに撮った写真や映像を見合ったり，それぞれの意見や思いを語り合ったりすれば，子どもへの見方が一層広がっていくに違いありません。

　まず，身近なスマートフォンの画面を通して，または，デジタルカメラのファインダーを通して子どもたちを見てみましょう。実際に肉眼で見る感覚とは少し違った感覚で子どもが見えてくることに気づかされます。自分がどんな視点で子どもを捉えようとしているのか，子どものどういう行動に注目しているのか。そのなかに含まれている意味に注意が注がれていくようになります。そして，撮影したものを再生し，もう一度見てみましょう。そうすることで自分の視点を客観的に捉えていくことができていきます。

　このように，自らの教育を可視化できるのが，デジタルデバイスの最大の魅力です。このような，可視化を含む様々な活用は，子どもの遊びに潜む教育の本質に触れるきっかけとなるかもしれません。つまり，自らの教育に対する新しい気づきを喚起したり，見方を広げたりすることに大いに役立つ道具となります。

　ここで紹介する事例は，実際にスマートフォンで子どもたちを撮影し，振り返りを行ったものです。写真や映像を見直していくことで，保育者の目に，子どもが紡ぎだす色々な知の営みが見えてきます。

写真で語る！子どもたちの育ち

　就学となれば，どこから来た子どもも等しく，同じスタートラインに立たなくてはなりません。そうしたとき，私たちは，何を目安に子どもたちの育ちを捉え，どのような資質を育んでいけばよいのか。そして，何から始めていけばよいのか。など……とりわけ，経験の浅い保育者は戸惑ってしまいがちです。とくに，私立の幼稚園・保育所は，地域性も含め，独自の建学の精神に基づいた教育風土や幼稚園文化をもっています。

　たとえば，自然体験活動を重視する教育活動を多く取り入れている園もあれば，造形活動が盛んな園もあります。モンテッソーリの教具を取り入れている園もあれば，視聴覚教育を積極的に活用している園など，それぞれに独自性があります。一方で，こうした独自性が，就学に向かう共通の道筋を見えにくくしている面もあります。

　そこでヒントとなるのが，冒頭で述べた10の姿です。この10の姿は，今まで学校教育の中心であった「覚える」から「考える」学びへ，新しい学力観にシフトしていくための出発点となるものです。今後は，これらの10の姿に照らして，日々の教育を振り返ったり，見直したりする取り組みが求められていくでしょう。

　ここで役に立つのが，写真による教育の振り返りです。記述による記録も大切ですが，実際の子どもの表情や姿が画像を通して可視化されることで，よりリアルな振り返りが可能になります。さらに，保育者間の話し合いの場面において，より説得力のあるエピソードとなって語られていきます。

　では，日々の子どもたちの姿から，10の姿がどのように育っているのか具体的に見ていきましょう。

実践１ 安定した場所で，友だちと好きな遊びをする

主な育つ姿：思考力の芽生え，数量や図形，標識や文字などへの関心・感覚，言葉による伝え合い

　この写真は，担任が，保護者へ子どもの成長の姿を伝えるために撮った１枚です。

　５月中旬の２歳児クラスの自由遊びでの一コマです。撮られた先生から次のようなエピソードが語られました。

　まだ，自分の席から離れて遊ぶことに，不安いっぱいのＳちゃん（写真右）。お気に入りのパズルを自分の席まで持ってこないと遊び始めることができません。５月の連休明けから，この状態がしばらく続いていました。そ

んなある日，Ｒちゃん（写真左）が，Ｓちゃんの傍に座って同じパズルを持ってきて遊ぶようになりました。それからしばらくの間，同じ席で，絵本を読んだり，お人形遊びをしたり，少しずつ言葉のやり取りも増えていきました。６月上旬ごろ，Ｒちゃんは周りの様子をうかがいつつも，自分の席を離れて，遊びたいおもちゃのあるところまで一人で行けるようになりました。

　このエピソードから，どのような育ちの姿が見えてくるでしょう。

　この２人は，泣いて母親から離れなかった入園当初から一緒にクラスで過ごしてきた子たちです。この場面から１か月経った２人の育ちが見えてきます。

　まず，Ｒちゃんの「Ｓちゃんと一緒に同じ遊びをしたい」という友だちに対する思いに加え，同じ空間や場所を共有しながら同じ遊びをすることの安堵感や心地よさを感じていることも伝わってきます。すなわち，この場面は，今この瞬間にも，この子たちのなかに，友だち関係の基盤が育っていることを意味します。

　また，２人がしているパズル遊びは，いろんな図形への興味・関心へとつながると同時に，同じかたちを探して，色々試すことで思考力・集中力がついていきます。また，遊んだおもちゃを自分たちで片付けることによって，自立心や集団のなかの規範意識の基盤が育っていくでしょう。

　このように，１枚の写真から，いろんな成長のエピソードが見えてきます。そして，子どもたちの姿のどこの一部分を切り取っても，10の姿はあらゆる場面で複雑に絡み合いながら，育っていることがわかります。

　つまり，子どもにとって生活は一連の知の流れを紡いでいく生成過程そのものであるのです。

　次の写真も，２歳児の５月中旬子どもたちの様子です。

おままごと遊び

実践2

主な育つ姿：社会生活との関わり，思考力の芽生え，言葉による伝え合い

　給食が終わり，子どもたちは，お昼からままごと遊びに夢中です。この時期は，どの先生方も子どもたちのお世話にてんてこ舞いです。子どもと一緒に昼食を取る時間もありません。

　ままごとに夢中になっている子どもたちを見守るなか「わぁ，おいしそう！　先生も，おなかすいちゃった」と思わず本音がこぼれます。その言葉

に，せっせと何やら作り始めたＳちゃんとＡくん。少しすると，あれこれとご馳走がのった皿が，先生の目の前に差し出されました。

　何気ない保育者のつぶやきも，子どもたちは，その小さな耳でしっかりと受け止めてくれています。それは毎日一緒に過ごしてきた保育者の言葉だからこそ，その気持ちに寄り添って受け取ることができるのです。優しい気持ちで答えてくれる２歳の子どもたちに，思わず心がいっぱいになる瞬間でした。

　このエピソードからも，色々な育ちが見えてきます。
　まず，大好きな先生への信頼感，何かしてあげたいという思いやりの心。ご馳走作りは，モノを見立てる創造性。友だちとのやり取りは，言葉と社会性の育ち。そして，なりきって演じることで自分の周りの身近な世界を認識する力，などなど……その他にも様々な角度から子どもたちの育ちの姿を捉えることができます。

実践3 食育・基本的生活習慣

主な育つ姿：健康な心と体，自立心

　この写真は，３歳児の給食の風景です。給食の時間は，家庭から集団で過ごすために必要な基本的な態度を身につけていく場でもあります。とくに，初めての集団生活では，それぞれの家庭で育った子どもたちが一つのクラスに入園してきます。そのため，座り方，食べる姿勢，スプーンやフォークの持ち方もまちまちです。

　そんなとき，保育者は，子どもにとって身近なお手本であり，モデルとなる存在です。正しい姿勢ってどうすることかな？　きちんと座るってどうすること？　箸の正しい持ち方は？　実際に保育者がやって見せたり，その場

で知らせたりしながら子どもたちに気づかせていきます。また，こうした気づきは，その様子を受け取った子どもたちによって，さらに具体的な言葉や表現に変換されながら，次第に全体へと広がっていきます。これが集団のもつ教育力であり，クラス集団には，社会に必要なルールや規範意識を自然と伝染させていくという作用があります。

　このように，今までになかった新しい価値や基準に気づかせていくことも集団生活だからこそできる学びのかたちと言えるでしょう。

　右の写真は2歳児クラスの様子です。次第に排泄への意識も高まり，トイレトレーニングが始まりました。トイレの時間が来ると，保育者は子どもたちのトイレセット（お尻拭き・紙おむつ）を準備しトイレまで持って行きます。トレーニングが始まって1か月が経過した頃でしょうか。Cちゃんは自分のトイレセットを上手に重ねてトイレまで運ぶようになりました。Cちゃんの表情から，いつも自分たちのお世話してくれる先生の姿をまねて，「先生のお手伝いするよ」という嬉しさと「自分のことは自分でしたい」「自分で，

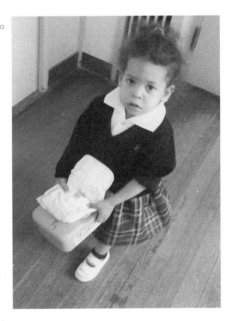

できる」という自立心と自信とが伝わってきます。

　こうした心の育ちは，トイレで排泄しようとする次のステップへとつながっていきます。子どもたちの自立は，ある日突然現われるのではなく，こうした積み重ねのもとに少しずつ築かれていることがわかります。

協同的活動

実践4 （友だちと協力しながら一つの目的に向かって活動を創り出す力）

主な育つ姿：協同性，社会生活との関わり，思考力の芽生え，自然との関わり・生命尊重，言葉による伝え合い，豊かな感性と表現

　自然広場では，今春の草花が子どもたちを明るく迎えてくれています。

　シロツメクサやクローバー，今の一番人気はピーピー豆（からすのエンドウ）です。上の写真は，豆のなかにある，豆を取り出そうと夢中になって集めている様子です。

そのうちに，ピーピー豆との関わり方に，それぞれ変化が見られるようになりました。ピーピー豆を収穫する子，集めた豆を剥く子，中身を集めて容器に詰める子など……。次第に，広場の中央に置かれたベンチは，ピーピー豆製造工場へと変化していきました。どの子も，職人さながらに豆と向き合う，真剣で，かつ生き生きとした姿がありました。

　豆を収穫することに夢中な子は，さやがよりふっくらとした大きな豆が取れそうなものを真剣に吟味しています。次に，それらは，豆をむく子に手渡されます。むき子たちは，爪で器用にさやを割って，丁寧に豆を取り出していきます。最後に，袋詰めする子が豆を，手の平で優しく集め，こぼれないようにそっとビニール袋に入れています。

　このように，それぞれが自分たちの必要性に基づいた役割を担っていくことで，その遊びが，一人ひとりにとって実に確かな体験となっていることに気づかされます。

　ここから，実に様々な育ちの姿が見えてきます。

　子どもたちは，ピーピー豆との関わりを通して，身近な春の自然を五感で感じ取っています。豆を取り出す作業では，豆はどのようにできるのか，その仕組みや性質にも目が向けられています。爪で器用にさやを割る作業は，手先の巧緻性や集中力も身につきます。

　みんなで同じテーブルを囲んで，豆をいじくりながら，あれこれと話し合うなかで，お互いの必要性から，自然と役割が生まれ，それらは，「豆製造工場」という子どもたちなりに理解している社会の仕組みへと変化していきます。さらに，自ら決めた仕事をやり遂げる姿には，役割に対する責任と自覚すら感じることができます。

　こうしてみると，子どもは，自分を取り巻いている世界（文化・社会・自然）を遊びのなかで再現し，自分の目線で全感覚を使って理解しようとしていることがわかります。すなわち，遊び＝学びそのものであるということを，このエピソードから直接受け取ることができます。

サラ粉作り
（自分が納得するものを，納得のいくまでやり続ける力）

実践5

主な育つ姿：自立心，思考力の芽生え，自然との関わり・生命尊重

　この場面は，岩国東幼稚園では毎日のように見られるサラ粉作りの様子です。雨がしのげて，いつでも乾いた砂が確保できる講堂下は，子どもたちの恰好のサラ粉作りの場所です。早速，頃合いの古タイヤにまたがると，タイヤ上に砂を置き，足の振動を利用して砂をふるいにかけます。すると重い砂は，自然と下に落とされ，軽いきめの細かい砂がタイヤの上に残ります。そ

れを指先で器用に集めて容器に入れ，指で感触を楽しんだり，何かの材料にしたり，子どもたちの思いによって色々なものへと変化していきます。

　このように，子どもは日々の生活のなかで，身近にある様々な素材と関わりながら，「こんなことがしたいな」「こんなものを作りたいな」という思いや期待をもって遊び始めます。こうした自分にとって意味のあるものを作り出せる力は，子どもたちに自己有能感を育むとともに日々の生活に潤いと充足感を与えてくれます。また，夢中になってする遊びは，それ自体たくさんの学びの芽が育まれている証です。次につながる確かな生活力を作り出すエネルギーの源となっていきます。

　このようにエピソードを丁寧に読み解いていく作業には，子どもたちの学びの様相を明らかにしていくという働きがあります。

　ここでは，サラ粉作りという遊びを通して，後の学びを支える学びの素地が至るところでかたち作られていることがわかります。

　サラ粉には，色々な用途があり，目的によって学びのかたちも変わってきます。たとえば，泥団子を作るには，水と土の量を手の感触を通して繰り返し調整していかなければなりませんし，団子を固めるには，乾いた砂を何度も塗していかなければなりません。そして，理想の光る泥団子に仕上げていくためには，きめの細かいサラ粉をできるだけたくさん作り，それを何度もまぶしては固め，さらに磨いていく必要があります。

　こうして完成に至るまで，子どもたちは，いくつもの工程を得て，ようやく光る泥団子に辿り着いていきます。

　こうした夢中になれる遊びには，実際に触れる土・砂，水の性質をよりリアルに理解させていくといった知的な育ちをはじめ，粘り強さや集中力，試行錯誤や創造性などの感情や精神面の育ちも深く関連しています。

　そして，自分なりの願いや思いに沿って何かを作り出せる力は，後に学び続ける力の素地となり，子どもたちの「未来を作り出す力」へと大きく飛躍していきます。

実践6 鉄棒
（自分の目的や目当てに向かって挑戦する諦めない力）

主な育つ姿：健康な心と体，自立心，思考力の芽生え

　この写真は，園にある鉄棒の場面です。

　鉄棒は，秋から冬にかけて盛んになってくる活動です。最初のうちは，棒を持ってジャンプしたり，ぶら下がってみたり，色々な関わり方を楽しみます。そして，毎日鉄棒に触れるうちに，くるりと回る姿が目にとまり，自分でもまねしようとします。そうした繰り返しのなかで，腕力がつき，背筋力もついてきます。前回りができるようになり自信がついてくると，今度はもっと難易度の高い足掛け回りや，逆上がりにも挑戦しようとします。途中，保育者に助けてもらったり，友だちにコツを教えてもらったり，必要に応じて補助機を活用しながら徐々に自分で回るコツをつかんでいきます。

　このように自分の目的やめあては，何かに関わるところから育まれ始めていることがわかります。最初から大きな目標があるわけではなく，関わっていくうちに小さな目標ができ，それを一つひとつ乗り越えるうちに，自然と目標が高められていきます。

　保育者は何かと到達点となる大きな目標を予め決めてから，子どもたちをそこに向かわせようとしがちです。そうではなく，子どもたちは，対象との密接な関わりのなかで，自らが課題を見出し，挑むなかでこそ，本当の目標をつかみとっていることが，この姿からも学びとることができます。

お花の水やり

主な育つ姿：自然との関わり・生命尊重，豊かな感性と表現

　戸外の自然は命の宝庫です。子どもの目線は大人と違って地面に近いため，日々たくさんの自然物との関わりが生まれています。

　右の写真は，小さな梅の実を先生に見せているところです。子どもは初めて見るもの，触れるものに「ふしぎだなぁ」「なにかなぁ」とたくさんの問いをもって関わっています。そして一番身近な保育者に何でも尋ねてきます。子どもは，知りたがりの聞きたがり。

　花壇の傍に咲いている小さな雑草花も子どもたちにとっては，花壇の花と同じ命ある美しい花です。

　左の写真は，毎日，ジョウロになみなみと水を汲み，花壇の傍らに咲く小さな雑草花にも同じように水をあげる姿を写しています。

　命の平等性と大切さについて，子どもたちから学ばせてもらうことのほうが実に多いことに気づかされます。

実践8 友だちとの関わり

主な育つ姿：道徳性・規範意識の芽生え，言葉による伝え合い

　この写真は，3歳児の喧嘩の場面です。子どもたちの，友だちとの関わりが活発になればなるほど，自然と増えてくるのが喧嘩やトラブル。まだ自己中心性の強い3歳児にとって他者の視点に立ってものを考えることは容易ではありません。そんなとき，保育者は，状況に応じて仲介に入ったり，お互いの思いを代弁したり，それぞれの立場に寄り添って共に考えていきます。

　こうした場面で，もう一つ大切なことは，周囲にいる子どもたちへの影響です。この写真も，やり取りの一部始終を真剣に見つめる子どもたちの姿が印象的です。子どもたちにとって，友だち同士の争いやトラブルは，心理的な関心事であると同時に，もっとも身近な問題解決場面でもあります。こうしたやり取りを繰り返し経験するなかで，次第に友だちの気持ちがわかるようになったり，相手の立場に立って物事を考えるということを理解していきます。また，してよいこと，悪いことの判断や道徳性など，社会のなかでよ

りよく生きていくために必要な資質を身につけていきます。

　右の写真は，年長児で育てた朝顔を週末に持ち帰る準備をしている様子です。Ｒちゃんは，自分の朝顔が３つも咲いたことが，嬉しくて誇らしくてたまりません。以下，その時のＲちゃんと担任の先生との会話です。

Ｒちゃん「先生，私のは，もう３つも咲いたんだよ。すごいでしょ。一緒に植えたＨちゃんのは，まだ，一つも咲いてないんだよ」

担任「そうかぁ，でも，先生，Ｈちゃんの朝顔いつ咲くのか，とっても楽しみだなぁ。Ｈちゃんは，いっぱいお楽しみの時間があって素敵だね」

Ｒちゃん「なんだか，Ｈちゃんの朝顔が咲くの，すっごく楽しみになってきちゃった」

担任「明日，一緒に見にこようか」

Ｒちゃん「うん」

　人間の価値観とは，保育者とのこうした何気ない日常の会話のなかで，自然と子どものなかに，じんわりと浸透していきます。Ｒちゃんの，「自分の朝顔は３つも咲いた」という表現は，「早い＝優」と「遅い＝劣」という価値観に基づいた「自分の方が勝っている」という理解からきています。しかし，担任は，「遅い＝劣」という価値観を「楽しみの時間が増す」という新しい価値づけをすることで，Ｒちゃんの今までの価値観を変化させています。

　このように子どもたちの生活に埋まっている価値観を見抜き，意図的に仕かけたり，気づかせていくことも保育者の大切な役割です。

実践9 お片付けの時間

主な育つ姿：自立心，道徳性・規範意識の芽生え

　これは，朝の戸外遊び後の片付けの場面です。5月中旬になると，園庭では水を使った遊びが盛んになり始めます。砂場で思いきり遊んだ後，泥や砂で汚れた玩具や道具を，みんなできれいに洗って片付けをするのが園の決まりです。

　蛇口が4つ並んだ手洗い場では，きちんと4列に並んで自分の番を待つ子どもの姿があります。遊んだ玩具をきちんと片付ける。洗う順番を守る。道具を指定の場所へ返す……などなど。園には，こうした集団生活に必要なルールや約束がいくつもあります。

　こうした約束を守ろうとする姿は，子どもたちに「僕・私」から「僕たち・私たち」へと意識が拡大していることを表しています。子どもたちは，友だちとの遊びを中心とした生活環境の中で，社会に必要な公共性や規範意識の土壌をしっかりと培っているのです。

実践10 お祭りごっこ

主な育つ姿：自立心，協同性，言葉による伝え合い，豊かな感性と表現

　これは，年長児クラスで色々なお店やゲームが楽しめるお祭りを開催したときの写真です。他の学年を招待しての輪投げコーナーでは，年少児は，なかなか輪に入れることができません。そこで考えたのが距離を学年によって調整するという知恵でした。距離が遠い順から年長児（青線），年中児（黄線），年少児（赤線）というように幅を測って線を引きました。線の色もお客さんがわかりやすいように名札の色で区別することにしました。

　目の前に立ちはだかる問題に向きあい，仲間同士で話し合い，知恵を出し合って，よりよい解決に向けて考える力は，今後色々な困難に立ち向かっていく問題解決能力の基盤となります。

　こうした写真での振り返りは，自分のなかに芽生えつつある保育者としての自覚を揺さぶるだけでなく，子どもの内面に育っていることをつぶさに観ていこうとする探究心を目覚めさせていくことでしょう。

動画で振り返る！子どもたちの育ち

　先に紹介したように，数枚の写真が添えられていくだけでも，そのときの出来事が生き生きとよみがえり，日々無意識のうちに見過ごしてきた子どもの内面の育ちへと眼差しが向けられるようになります。とくに，子どもたちに内在する様々な育ちを想定し，日々の保育を組み立てる保育者にとって，重要な手がかりとなるだけでなく，そこで沸き起こったことは明日への保育の活力となります。

　次に取り上げる動画による振り返りは，写真とはまた違った「気付き」との出会いが期待できます。つまり，一場面から得られる部分的な振り返りと一連の流れに基づく全体的な振り返りの違いです。そして，写真が子どもたちの象徴的な育ちの姿を写し出しているとしたら，動画は，育ちの様相を具体的に表しているところでしょう。

　さらに，動画のよさは，事実がそのまま映し出されることにより，保育者の偏った視点が修正されていくところです。動画は，そのときに起きた子どものやり取りや様子を何度も再確認できることから，より深い考察が可能となります。

教室にあるタンバリンをフープ
バトンに見立てて，運動会の鼓
隊ごっこが始まりました。子ど
もたちは，生活と遊びを融合さ
せることが上手です。

実践11　日常のブランコでのやり取り場面から

主な育つ姿：自立心，道徳性・規範意識の芽生え

　3月中旬，ブランコの貸し借りの場面です。年中の同じクラスのDくんとSちゃんが一緒にブランコをこいでいました。そこに，一人の年少の子どもがやってきて「貸して！」と声を張って近寄ってきます。ブランコの子も，すかさず「だめよ」の声。次第に，掛け合いの声は大きくなり「貸して」「だめよ」「貸して」「だめよ」の言葉のやり取りは，リズミカルに重なり，響き合い，呼応し始めました。さて，どうするのかなと保育者が見守っていると，ブランコのSちゃんが，さっとブランコを離れました。D君もSちゃんにつられて，ブランコから離れていきました。そしてSちゃんは，保育者が予想もしなかった違う場所にD君と行ってしまったのです。

この一連の何気ない遊びを収録した場面をスマートフォンで改めて振り返ります。

まず，全体を通してもっとも印象に残ったことは，そのやり取りが，まるで流れるように自然で，子どもたちの日常をありのまま映し出していることでした。

両者の間には「ありがとう」や「いいよ」などの言葉も一切交わされていませんでした。けれども，とてもスムーズでいさぎよかったことが，なぜか不思議でたまりませんでした。改めて一連の流れを動画で振り返ると，「貸して」「だめよ」のやり取りそのもののなかに，実は，お互い言葉以上の「心のやり取り」が内在しているように感じました。たとえば，SちゃんとD君は，そうしたやり取りの最中にも，葛藤があったかもしれないし，頭のなかで次の遊びを考えていたのかもしれません。よく見ると，かたくなだった表情から，次第に周囲を見ながら反応をうかがったり，相手の子と言葉を交わすなかで，次第に気持ちに変化が現れていることが表情や語調からも伝わってきました。

改めて動画を注意深く振り返ることで，事実から気づかされることはとても多いものです。わずか数分の何気ない日常を切り取り，深く見取ることのなかに，育ち全体のあり様が見えてくるような気がしました。

集団に生きる子どもは，実にたくましいものです。言葉以上のやり取りを難なくやってのけています。そして，そこに保育者の介入の余地はありません。子どもの自ら育つ力がこの一場面の中でしっかり育っていることを改めて感じる一コマでした。

実践12　砂場は豊かな学びの宝庫

　朝，砂場の環境作りでの出来事です。前日に子どもたちが掘ったひょうたん型の大きな穴を残しておきました。今日は，ここでどんな遊びをするのでしょう。どんな遊びが始まるのでしょうか。砂場を掘り起こしながら胸がときめく一日の始まりです。砂場をならすそばから，子どもたちがひょうたん型の穴に気づき，近づいてきます。ワイワイガヤガヤと遊び談議に花が咲く様子を見つつ撮影を開始しました。

映像から語られるエピソード

　穴のなかに入って，穴の深さを体全体で感じ取る子，何かを思いついたようにバケツを取りに行く子，スコップを持ってくる子，さらに穴を広げようとする子，それぞれの思いに沿って，遊びが始まりました。

　何度も水を汲んでは入れるＳ君。飽きもせず同じ作業を繰り返し，ザーと流れる瞬間の水の流れを見つめています。とくに，興味があるのでしょう，水が砂を削りながら流れていく様子や，流れたときにカフェラテのような泡ができる様子に真剣に見入っています。それが面白くて，たまらないといった様子です。何度も何度もバケツにいっぱいの水を汲み，袖口をびしょびしょにしながら運んでくる姿は，ちっとも大変そうではありません。それを繰り返すうちに水はどんどん深くなっていきました。

　すると，そこにひょうたん池が現れました。その現象に，子どもたちに，また次の思いが生まれてきます。いつの間にか，違う子どもが枯れたドングリの葉を持ってきました。それを水に浮かべ「魚さん，いっぱい」とひょうたん池に生命を吹き込みました。

　しばらくすると，また違う子が，何かを思い立ったように駆け出していきます。自然広場の隅っこに咲いている赤桃色の椿の花びらを両手にいっぱい持ってきました。次の瞬間，その花びらを水面にパッと浮かべました。するとドングリの葉は，魚。椿の花びらは鯉。それぞれが意味をもち，子どもたちによって，次の物語が紡がれていきます。

　年中の子が，持ってきた長い細い枝で魚に見立てた葉をつつき始めます。ぷかぷか浮かぶ葉が面白いようです。何度もやっているうちに，その細い枝がポキッと折れてしまいました。「あっ　折れちゃった」と，その子の表情が少し曇り気味になります。するとすぐに隣の子が，「なんか釣り竿みたい！　魚釣り〜」と反応します。その何気ない言葉に，先ほどまで曇っていた子の顔がみるみる明るくなり，すぐに釣りの恰好をし始めました。その姿に子どもたちは，僕も！　僕も！　と自然広場へ駆け出していきました。夢中になって枝を探すうちに，身近な自然の素材に色々と目が向けられていき

ます。「あっ，餌も持っていこう」小さな小石を見つける子，長細いハラン
の葉を釣り道具に見立てる子など，色々な素材との関わりが生まれていきま
す。

　さっそうと池に戻って，自分が見立てたお気に入りの枝で魚釣りをしてい
る最中に，また違う子の枝が折れてしまいました。折れた枝が，ぷかぷかと
水に浮いています。さっき浮かべた葉っぱは，しばらくすると沈んでしまい
ます。でも，枝は，何度もつついても，時間が経ってもぷかぷかと浮いてく
ることに気づいていきます。また，エサにした石ころはどんなに小さくても
沈んでしまいます。子どもたちは，自分が持ってきたいろんな素材を池に投
げ入れ始めました。

　偶然が偶然でなくなり，自ずと必然となるのが，子どもたちの世界であり，
遊びです。そして，いつか，子どもたちの知恵と経験となり，子どもたちの
学びを支える糧となるのです。

1回目の振り返り

　保育者の役割とは何でしょうか。環境のなかで保育者は，子どもたちに，
今日はこんな遊びをしてほしいなと意図的に環境を準備します。保育者が望
む活動にどうにか引き込もうと巧みに言葉がけをしたりもします。しかし，
子どもたちは，その意図をはるかに上回って，もっと自分たちらしい新しい
活動を生み出す力をもっているのです。

　環境における保育者の意図が，遊びのきっかけを生み出していくこともあ
ります。それは，保育者にとって本当に嬉しい瞬間です。一方で，意図に従
わせようとするあまり，子どもたちが自ら作り出す世界を小さくしてしまう
こともあります。

2回目の振り返り

　子どもたちは，人とものとの関係によって，そこに確かな意味を見出す力
をもっています。さっきまで，石ころ，葉っぱだったものが，子どもたちの

見立てによって，色々な価値あるものへと変化します。遊びでは，同じ素材でもまったく価値の違う別の何かになったりします。そこには，必ず共有できる仲間の存在が欠かせません。

　そしてものが自分にとって価値あるものになったとき，子どもは，そのものの性質や特徴に自然と気づいていきます。それは，遊びを通して，その対象に身を寄せ，心を寄せて関わっていかない限り，出会うことができない「気付き」です。だからこそ，子どもにとって，遊びは学びであり，自分を取り巻く世界を認識できる唯一の手段なのです。

映像によるエピソード記録と振り返りのよさ

　映像から語られるエピソードでは，映像に忠実に子どもたちの活動をありのままに捉えようとする保育者の客観的な見方が鍛えられます。

　1回目の振り返りの場面では，改めて映像を振り返ることで，普段自分の中に潜んでいる子ども理解への扉が開いていきます。

　2回目の振り返りでは，子どもの生活を作り出している様々な「人・モノ・こと」との関係性に気づき，保育者として子どもを見取る確かな眼が育っていきます。

　このようにデジタルデバイスを活用した振り返りのよさは，より丁寧な振り返りが映像を通して何度でも行えるところです。

　現在，多くの園でエピソード記録が取り入れられていますが，そのほとんどが記述式によるものです。この手法は，手軽に活用できる一方で，いくつかの課題もあります。

　たとえば，記述式の場合，保育者にとって印象深い出来事や普段から気にかかっていることなど自分の感情を中心にエピソードが語られていきます。つまり，書き手の強い感情に支配された状態であるために，振り返りも自ずと自己中心的な考察になりやすいです。

　一方，動画を使った記録は，実際に起きたことがそのまま記録されます。こうした事実に基づく振り返りは，自分の感情に脚色された偏った見方になりにくく，正しい振り返りへと意識が向けられていきます。すなわち，保育者の主観に基づいた保育への捉え方が，より客観性をもったものへと修正されていくのです。

　このようにデジタルデバイス記録のよさは，一つの普遍的な事実を様々な視点から何度も考察できるところです。自分の撮った視点の背景にある思いやそこで起こった出来事の意味について，掘り下げて見つめ直すことができます。すなわち，子どもと保育者との日常的な関わりを教育的な活動として何度も捉え直すことができるようになっていくのです。

　今の時代は，日常の子どもたちの様子を手軽に撮影できる時代になりまし

た。スマートフォンさえあれば，いつでも記録が可能であり，自分の手のひらを通じて手軽に情報を取り出すことができます。これは，実に画期的な記録手段です。

　デジタルデバイスを教育に有効活用することで，子どもに対する見方や捉え方を深い次元へと変化させていくだけでなく，日々の教育に対する多様な気づきを喚起します。

　その結果，子ども理解が深まり，子どもとの新しい関係が生まれ，日々の教育そのものが楽しくなっていくでしょう。

プール遊びをしている子のそばで，見学の子が笑顔でピースサイン。気持ちはみんなと一緒にいるよ！

デジタルデバイスを活用すると教育が豊かになる

　これまでの実践では，身近にあるデジカメやスマートフォンを活用した教育の振り返りについて紹介しました。写真や映像など具体的な情報を取り入れていくことによって，教育の見方が180度変化し，日常の教育がより楽しく深くなっていくことが大いに期待できます。さて，次に紹介する実践は，実際にデジタルデバイスを教育活動に導入していこうという試みです。ここでは，実際に岩国東幼稚園で行った情報活動の取り組みを紹介します。身近なデジタルデバイスを保育者のオリジナリティー溢れるデジタル教材として導入していくことで，日々の子どもたちの生活や経験の質が大きく飛躍していく様子が，保育者の記録から生き生きと描かれています。

　また，これらの実践を通して，デジタル教材がもつ豊かな教育的価値やその多様性について，保育活動への様々なヒントが得られる内容となっています。これらの実践が，保育者にとって次世代の学びを支える新たな活動領域を見出すきっかけとなるでしょう。

実践13

「みんなのほしまつり！」
（NHK の教育番組『ノージーのひらめき工房』の取り組みから）
主な育つ姿：協同性，社会生活との関わり，思考力の芽生え，言葉による伝え合い

　岩国東幼稚園では，毎年夏の恒例行事として，夏祭りが開催されています。7年目を迎え，2度目の年長組を担任する藤永麻希先生は，この夏祭りを，どうにか子どもたちの手で教育活動の中で実現できないかと考えていました。

　とくに，幼稚園のある東地区はお祭りが盛んな地域で，7月の第3・4土曜日には土曜夜市，11月には，えびす祭と多くの人で賑わいます。そうした地域柄，お祭りは，子どもたちにとって身近な存在であり，教育活動に十分に生かすことができるのではないかと考えました。

① デジタルデバイス仕掛け1　メディア視聴による活動への導入

　ここで導入する NHK の教育番組『ノージーのひらめき工房』は，造形遊びを通して自分なりのアイデアを試し，豊かな表現力を培ってもらうことをねらいとした番組です。また，この番組は造形スキルの獲得というよりもむしろ，子どもたちが「感じる」「見つける」「考える」「試す」過程を大事にした内容となっています。

　藤永先生は，まず「お祭り」の動機づけとして，『ノージーのひらめき工房』の「やたいをつくろう」の回を視聴することにしました。先生のねらい通り，子どもたちからは「屋台してみたい！たこやきつくりたい！」などの声が次々と飛び交います。

② デジタルデバイス仕掛け2　写真展示によるイメージづくり

　次に，お祭りのイメージを膨らませるためにクラスにお祭りの写真を掲示することにしました。

　この掲示から，お祭りの雰囲気を感じ取ったり，自分たちの経験から，お祭りの思いやイメージを掘り起こしていくことができます。また，写真を通じて，お祭りがクラスの身近な話題となることで，それぞれの思いが膨らんでいき，どんなお祭りにしたいのかというクラス全体の目的意識が高まっていきます。

　さらに，藤永先生は子どもたちの気持ちを途切れさせないために，活動の助走となる「お祭りの看板づくり」の提案を仕掛けていきます。それぞれのお祭りへのイメージが温まったところを見計らって，お祭りの名前決めを行うことにしました。このように自分たちでテーマ決めることで，より「僕たち・私たちのお祭り！」という意識が明確になり，その後の活動もより主体

的な取り組みとなっていきます。

　みんなで話し合った結果「ほし組だから，ほしまつりにしよう！」ということに決定しました。

　看板作りは，子どもたちの思いをかたちとして可視化する効果があり，ここから「ほしまつり」への期待が徐々に高まっていきました。

　こうした子どもたちの気持ちを途切れさせないために，子どもたちの要望に沿って右記の活動を連続的に取り入れていきます。

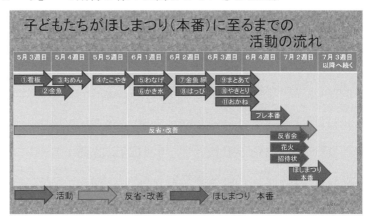

③　デジタルデバイス仕掛け３　活動経過を写真で掲示する～学びの過程を可視化して伝える～

　また，子どもの確かな学びを育む環境の配慮として上記の①から⑪までの活動を終えるごとに，活動の写真を廊下に掲示していきました。

114

すると，早速，写真の前で立ち止まり，友だち同士でそのときの活動を振り返る姿が見られ始めました。

　これは，子どもたちの会話の様子です。

　「これ作るときは，楽しかったね。もう少し小さくしたらよかったのかも」

　「お祭りって他にもこんなものがあるよね」

　「これ僕が作ったんだよ。合体させたのもあるよ。持ってきて見せてあげる」

　「わー，もう10まで進んどる。お祭りできるまで，もう少しだね！」

　写真掲示のよさは，一度きりの活動であったものを，視覚を通じて何度でも再体験できるところにあります。また，このように活動場面を時系列で掲示することで，子ども自らの振り返りの時間となるだけでなく，友だちと思いを共有し合える特別な「子ども時間」を作っていくきっかけとなります。そして，こうした「子ども時間」によって，自分とは違った思いや発想に出会うことによって，子どもたちのもとへ新しい「学び空間」が開かれていきます。

　とくに「子ども時間」での友だち同士の交流は，それ自体様々な感情を伴っています。つまり，子どもたちは，感情を揺り動かしながら，色々な思いを巡らせていくなかで，それらの活動をより確かな体験として心に刻み込んでいくことができます。

　その他，こうした空間作りが，子どものみならず，保育者にとっても重要な意味をもっていきます。なぜなら，ここでの「子ども時間」で発せられる"心の声"に耳を澄ませて丁寧に聞き取ることによって，子どもたちの活動への思いや学びの本質を理解する貴重な手がかりをつかむことができるからです。

　このように身近なデジタルデバイスを教育環境の一部として活用することで，今までとは違った教育へ新しい知見が得られるとともに，子どもたちの生活の質そのものを高めていくことにつながっていきます。

実践14

折り紙学習材「おりがみスイッチ」の取り組み

主な育つ姿：数量や図形，標識や文字などへの関心・感覚，言葉による伝え合い

　折り紙は，日本独自の歴史をもつ遊びで，古くから園では欠かせない教材の一つです。

　そして，この教材の教材的価値は，1枚の紙から色々なものが作り出せる楽しさはもちろん，知的側面や非認知的能力（スキル）を育てる効果も十分に含まれているところです。例を挙げると，折っていく工程を順番に覚えていく記憶力，最後まで諦めずに折り続ける集中力・思考力・根気，立体的な構造を理解する空間認知能力・図形認識，手先の巧緻性など……。実に，紙1枚に，獲得できる多くのスキルが内在しています。

　しかしながら，この教材の難点は，好きな子と苦手な子と，それぞれの経験や理解度の違いによって，スキルの獲得に大きな差が生じてしまうというところです。

　当時，7年目を迎えた山本喬之先生は，こうした折り紙のもつ教育的価値とクラスの子どもたちの課題を踏まえ，パワーポイントを使った折り紙の補完教材「おりがみスイッチ」の製作を思い立ちました。「おりがみスイッチ」には，折り紙との関わりが希薄だった子どもたちが，折り紙の面白さに気づき，主体的な活動を通して，様々なスキルを獲得してほしいという山本先生の願いが込められています。

　折り紙の種類は，子どもたちに人気の手裏剣やハート，後に応用が利く基本的な作品など，10種類を選出しました。

製作方法は，パワーポイントの仕組みを活用して，折る順番を一コマ一コマ撮影し，それらを自動再生機能によって連続的に視聴できるようにプログラミングしたものです。一コマ一コマ写真撮影する手間はかかりますが，折る順番に従って画面を並べていくだ

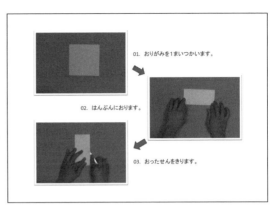

けなので，素材さえ準備できれば簡単に製作することができます。

　この教材のよさは，コマ送りで一コマ一コマを自分のペースで確認できたり，苦手なところをピンポイントで巻き戻したり，既に習得した部分を早送りするなどの操作が，簡単な操作で自在にできるところです。こうした特徴からも，一人ひとりの認知レベルにあったわかり方を提供することが期待できます。

　早速，教室に「おりがみスイッチ」が入ったパソコンを2台設置しました。そのほかにも独自に作成した「おりがみファイル」，市販の折り紙教本など，アナログな教材も混合することにしました。「おりがみファイル」とは，実物の折り紙を折る順番にしたがって貼りつけてある山本先生お手製の教本です。

　この3つを子どもの理解を補完する教材として難易度の低い順に表すと，「おりがみスイッチ」→「おりがみファイル」→折り紙教本となります。

　「おりがみスイッチ」は，その目新しさから，最初のうちは，どの子も飛びつきましたが，やがて必要がないものと判断した子どもは，自然と離れていくようになりました。

　つまり，「おりがみスイッチ」は，折り紙が苦手な子，もしくはつまずきがある子には，自分の理解レベルに応じたわかり方を補えることから，魅力的な教材となる一方で，すでに難易度の高いスキルを身につけている子どもには，価値の薄い教材となります。

　子どもたちは，3つの教材を色々と試すうちに，次第に自分に一番適した補完教材の活用法を見出していくようになりました。たとえば，単独の教材を活用する子もいれば，複数の教材を組み合わせたりする子もいるなど，自分に適した方法を見つけ出す姿です。さらに，感心させられたのは子どもたちの，理解レベルが同じ程度の友だちとお互いに知識を補完し合いながら，課題を克服していく姿が見られたことです。つまり，レベル別に教材を準備したことによって，自ずと同じ課題や目的意識をもった子どもとの学び合いが生まれ，互いに問題解決に向けた学びの共同体ができ上がっていったのです。こうして互いに協力し合い足りない知識を補いながら，自らの力で確かなスキルをわがものにした子どもは，もっと難しい課題にも挑戦してみたい！　と目を輝かせるようになっていきました。

　これまで，折り紙は，好きな子と苦手な子でスキルレベルの違いが明確に現れる教材でした。つまり，好きな子はどんどん進歩する一方で，苦手な子は，停滞してしまうか，折り紙とはまったく違う使い方をして遊びがちな教材でした。

　こうした不文律を変えていくために，不定形のゆったりとした時空間のなかで，苦手意識やつまずきを自ら克服できるような活動を意図的に仕組んでいくことも保育者の大切な役割の一つと考えます。とくに，苦手意識の強い

子や理解に時間を要する子には，直接的な援助はもちろん，それを補い支えるための学習材を作り，役立てていくことも，今後保育者にとって重要な資質となっていくのではないでしょうか。

　つまり，ICT は，保育者のアイデア次第で，日々の体験から得られる学びをより確かなものへと導く希望の学習材となりえます。とりわけ，子どもの必要性に寄り添って考え抜かれた優れた教材との出会いは，子どもたちの自ら課題を乗り越えていこうとする可能性を大きく羽ばたかせることができるでしょう。そこで得た達成感は，かけがえのない子どもたちの確かな自信となり，どんなことにも諦めずに立ち向かっていこうとする心情や意欲を育んでいきます。

　この実践のように，様々な ICT 技術を上手に教育に取り入れていくことによって，確かな学びを子どもたちのもとに開いていくことも保育者の大切な役割となっていくでしょう。

「オトキノコ」の取り組み
（岩国東幼稚園の「応答的中間領域」の実践）

主な育つ姿：協同性，思考力の芽生え，自然との関わり・生命尊重，
言葉による伝え合い

① 岩国東幼稚園でICT教材として活用した「オトキノコ」の特徴

　活動に導入した，ICTを使った教材「オトキノコ」は，音プロデューサーの藤原和通氏が開発・制作した，五感に訴える音をテーマにしたビジュアルCDです。CDの内容は，自然界にある様々な生物の音と映像がシリーズごとに収録されており，その種類は1000種類程あります。最近では，多彩な音が収録された無料アプリ「otochannel」（現在は取り扱いなし）が，様々なサイトで取り上げられ話題を集めました。

　今回，使用した内容は，水生生物食事音（トビハゼ，カニ），両生類爬虫類仕草音（カエル），軟体動物・腹足類ほふく音（ナメクジ・カタツムリ）昆虫交尾音（カブトムシ，テントウムシ，アリ），菌類ミクロ音（キノコが胞子を飛ばす音），動物放屁音（アフリカゾウ，カバ），自然音（パタゴニアの草原に吹く風の音），現象音（氷河の氷が溶ける音）で，それらの自然音がスマホやCDプレイヤーなどで手軽に視聴・聴取することができるというものです。

　普段見たり聞いたりすることが難しい素材を体験できることから，直接体験だけでは不足しがちな，子どもの身近な自然に対する知的な気づきを喚起する教材として有効に活用できると考えました。

② 「オトキノコ」から選出した映像

　普段から園庭で馴染みのある生き物（ナメクジ，テントウムシ，ダンゴムシ，カブトムシ，アオムシ，アリ，カタツムリ，カエル）など，子どもが関心をもつような生き物に焦点を当てました。映像の素材は「オトキノコ」を主に，その他NHKの番組『しぜんとあそぼ』を加え，10種類を選出しまし

た。すなわち，ナメクジのほふく，テントウムシの交尾1・2，ダンゴムシの歩行，カブトムシの戦闘，アオムシの食事，アリの行列，カタツムリの餌<ruby>食<rt>じき</rt></ruby>，カエルの鳴き声です。

③　視聴方法

　視聴は，パソコンルームのパソコンを使用したところ，パソコンのディスプレイ画面と音量では，子どもに十分な視聴を提供することができなかったため，プロジェクターをパソコン本体に接続し，スクリーン（縦120cm×横160cm）を用い，音量は専用のスピーカーを取り付けることで，子ども全員に聴取できるように工夫しました。また，子どもの視聴位置は，画面から約

2.5メートルの距離を取り，子ども同士の間隔もゆとりをもって座るようにし，保育者は，子どもの興味・関心の度合いや要望に応じて，繰り返し視聴を提供できるよう，子ども全体の様子が見渡せる位置でパソコン操作を行なえるようにしました。

④　対象児及び実践期間

　5歳児（年長）男児12名，女児13名　6月上旬

⑤　実践の経過

　子どもの変化によるICTの活用法の変化についてをステップ1〜4という段階で示し，子どもの「知的な気付き」を喚起する保育者の意図的な仕掛けを1〜7次で表しました。

ICT 活用ステップ 1

1次 1回目の ICT 活動 （オトキノコ視聴）

身近な生き物への興味・関心を喚起する助走的な取り組みとしての ICT 活動

視聴後の保育者の見取り

　1回目の視聴では，すぐに飽きて画面に集中できない子，違う遊びをし始める子など普段から自然と関わりのある子とない子で興味や関心のもち方にばらつきが見られました。とくに，普段から自然との関わりの少ない子どもや，生き物をテレビキャラクターとして見ている子どもたちには，実際に見たり，触れたりする直接体験の導入が必要であると考えました。

2次 ICT 活動後の戸外遊び活動

生き物への興味・関心を高める直接体験活動の導入

ICT 活動後の戸外遊びの様子

　ICT 活動の翌日，クラス全員で園庭散策を行いました。虫の居場所を知る子どもは，プランターをのけてみたり，花壇を覗いたりして，次々とダンゴムシやハサミムシなどを発見していきます。「あっ，いた！」「これ，ダンゴムシ」「触ってみたい」などの言葉があちこちで飛び交います。普段関わりが少ない子どもたちも身を乗り出して見たり，またその数の多さに「わぁっ……」と後ずさりする姿も見られます。

　ある子どもたちは，畑のパセリの葉にアオムシを発見します。「あっ，アオムシ発見」。近づいてみると，2匹のアオムシがパセリの葉を食べています。保育者がそっとパセリの葉っぱを持ちあげると，アオムシは，びっくりしたのか葉の上でのけぞってみせました。「わあっ，アオムシさんが立っ

た!!」，今度はつついてみせると，アオムシは黄色の角をピュッとだして威嚇をして見せました。

　虫が苦手だった女児たちも，さすがにその様子には心を動かされたようで，夢中になってアオムシに見入っていました。実際に触れたりできない子も，虫と関わる友だちの様子が気になりいつまでも近くに居続けます。保育者がダンゴ虫を手のひらに乗せてつついてみせると，「本当だ，まんまるくなった！」「かわいい」と思わず笑みがこぼれます。「触ってごらん」の保育者の言葉に，おそるおそるつつく子。くるっとまるくなったダンゴ虫を見て，友だち同士で顔を見合わせて笑い合う子など，<u>虫が苦手な子どもにも身近な生き物との新たな出会いが生まれていました。</u>

視聴後の見取り

　視聴後，園庭散策を行いました。ここでの生き物への関心の高まりは，視聴時反応が薄かった子も含めて，想像した以上の反応が見られました。普段見慣れている場所・行き慣れている場所でも，子どもたちには以前とは違った世界に映っているようでした。子どもたちの表情からも，身近な生き物に関わることの楽しさ，面白さが伝わってきます。

ICT 活用ステップ 2

3次 2回目のICT活動（オトキノコ再視聴）

直接体験（戸外での園庭散策）と再視聴体験（ICT活動）をインタラクティブに組み合わせた重層的な取り組み

　1回目の視聴では，興味や関心にばらつきが見られたため，とくに1回目の視聴で反応が薄かった子どもに向けて，園庭散策の後，再度「オトキノコ」の視聴を試みることにしました。

　すなわち，戸外での直接体験後に再視聴することで，前回興味が薄かった子どもの興味や関心を一層喚起できると考えました。

2回目のICT活動（オトキノコ再視聴）での場面

M子「あっ，ダンゴムシさん，この前触ったらね，くすぐったかったよ。こちょこちょの足がいっぱいあった！」映像に即座に反応します。

K子「そうそう，まんまるくなってね，ころころ転がって面白かったね」

M子「アオムシさんだ。葉っぱの上で立ったよね」

Y子「黄色い角がびょって出て，なんか臭かったね」

S男「逆立ちみたいで面白かったね」

T男「テントウムシ見つからなかったね」

K男「カブトムシもおらんかったね，先生，なんでテントウムシとカブトムシおらんかったんかね？」

保育者「そうだね。どうしてだろうね」

U男「アリさんは，パソコンで見たのと同じでちゃんと並んでたよ」

M子「一列でずっと歩きよったね」

R子「並んで死んだ虫を穴に運んでたよ，ありさんより大きい虫！　ありさん力持ちだね」

　１回目の視聴では，興味を示さなかった女児も戸外での体験を思い出しながら，自然と画面の生き物に吸い寄せられていきました。画面に映し出される生き物に対して即座に反応する姿が見られました。

　一度の視聴では部分的な理解に終わってしまっていた子どもたちも，五感を伴った戸外遊びでの直接体験の後，再び視聴することで，生き物の細かな部分にも気づく力が育ってきています。また再視聴によって友だち同士の共通の認識が深まり，視聴時も画面の生き物について，自然と友だちと言葉でのやりとりが生まれています。さらに「知っている」という余裕が生まれるためか，前回には見られなかった興味・関心から生じる疑問など，それぞれに思いをもちながら視聴していることがわかりました。

　こうした子どもの視聴時の反応から，再視聴の効果は，予想以上に高かったと言えるでしょう。

■保育者の仕掛けと効果のポイント

　今回の仕掛けのポイントは，戸外での園庭散策の直接体験の後，同じ「オトキノコ」の映像を再視聴することにあります。すなわち，一度きりの視聴では，普段からの園庭の生き物との関わりも子ども一人ひとりで違うため，視聴に対する興味・関心のもち方も多い子，少ない子と個人差が生じてしまいます。こうした個人差を，戸外での直接体験で埋めた後，クラス全体で再度視聴することによって，新たな気づきに出会わせることができます。

　実際の視聴場面においても，子どもは，友だちから発せられる意見に耳を傾けたり，それらの意見と自らの体験と重ね合わせたりすることによって，さらなる気づきを喚起する様子が見られました。

　すなわち，行きつ戻りつする子どもの理解が，２回目の視聴での再体験や，また友だち同士で実際の直接体験と視聴場面とを重ねていく追体験によって深められ，より確かな体験へとつながったといえるでしょう。

4次 アゲハチョウの幼虫の飼育活動

幼児の知的探究心を喚起する飼育活動による直接体験の導入

　再視聴後，子どもには，さらに深く生き物との関わりを育んでいってほしいという願いから，ナミアゲハチョウの幼虫をクラスで飼うことにしました。戸外での直接体験と２度の視聴体験の効果もあり，子どもたちも生き物をより身近に感じ始めていました。普段の生活でも身近な生き物が話題になったり，自分たちで発見する喜びを味わえるようになってきています。今回，飼育に用いた幼虫は，以前に園庭で見かけた幼虫と比較してもかなり小さく，まだ脱皮前の黒い幼虫を準備しました。その違いが反対に，子どもたちの「なぜだろう，どうしてかな」などの気づきを一層喚起できると考えました。

アゲハチョウの幼虫との出会いの場面

Ｓ男「このアオムシさん，この前お外で見つけたのと同じかな？」

Ｋ子「でも，すごく小さいね。まだ赤ちゃんかも」

Ｎ男「色もちょっと黒いよ」

Ｓ男「本当にちょうちょかな？」

Ｋ子「たくさんご飯食べてないからだよ」

Ｍ男「早く，何か食べさせてあげないとね」

Ｋ子「この前，アオムシさんがいたところに餌があるんじゃない？」

■保育者の仕掛けと効果のポイント

　ここでのポイントは，子どもが直接関わることのできる飼育活動を取り入れることです。実際の飼育活動を通して，子どもに様々な問題解決場面と遭遇させていくことを意図的に仕掛けていくのです。すなわち，実際に直面する問題に子ども自身がぶつかっていくことで，アオムシとの関係が深まり，子どものアオムシへの興味や関心はさらに深まっていくのです。

保育者の予測通り，子どもたちは，自分たちが知っている幼虫との違いに疑問をもち始めました。子どもたちからは，次々と疑問の声が発せられます。そうした気づきがアオムシへの興味を喚起し，アオムシの餌探しへとつながっていきました。

5次 アオムシの餌探しから,
必要性をもった ICT でのインターネット情報活用

切実な問題解決に向けた ICT 活動の導入

　早速，子どもたちと以前にアオムシを発見したパセリが植えてあった餌場に急ぎました。しかし，既にすべてのパセリの葉は食べつくされ，アオムシの姿はありませんでした。アオムシの食欲のすさまじさに驚嘆しながらも，子どもたちは，アオムシのもつ生命力の強靭さを実感しているようでした。

アオムシの餌探しの場面

M男「おかしいな，前はここにあったのにね」よくその現場を見てみると，
　　葉をアオムシにすべて食べられ茎だけになった丸坊主のパセリを発見します。

K子「あんなにいっぱいあったのにね。あの葉っぱ全部アオムシさんがみん

な食べちゃったのかな」

T男「すごいね，アオムシさん」とアオムシの食欲のすさまじさに驚嘆します。

S男「さすが，はらぺこアオムシさん！」アオムシのもつ生命力の強さを身
　をもって実感している様子です。

保育者「たくさん食べるから，立派なチョウになれるんだね」

M男「だったら，大変だよ。僕たちのアオムシさん，チョウになれない
　よ！！」

K子「おなかがすいちゃう，かわいそう」

R男「そうだよ，何か食べないと死んじゃうかも」

　保育者は，こうした子どもたちに芽生えたアオムシへの切実な思いを途切
れさせないためにも，新しいアプローチが必要であると考えました。それは，
子どもたちが，自分たちで餌を探さなければ，このアオムシは死んでしまう
かもしれないという餌探しの必然的な事情を，保育者が意図的に仕掛けるの
です。それによって，子どもが自分たちでアオムシの餌を見つけなければと
いう切実な思いを芽生えさせることができます。

　そこで，子どもたちが餌探しをしていく過程で，段階的に仕掛けを講じ，
いくつかの問題解決場面を踏ませていくことにしました。

　最初の問題解決は，園外に餌を探しに行く許可を園長に申し出ることです。
子どもたちは，餌を採取するために，園長に園外への外出許可をもらうとい
う問題を，自分たちの知恵で乗り越えなければならないのです。

外出許可への理由を考える場面

保育者「園長先生も，ちゃんとした理由がないと，公園には行かせてくれな
　　いと思うよ。どうしたら，公園に行かせてもらえるかなぁ？」
Ｔ男「アオムシさんの餌を探しに行きますって言ったら」
Ｍ子「○○公園にはアオムシさんの葉っぱあるかもですって言ったらいい
　　よ」
Ｒ男「餌を食べないとアゲハチョウになれませんって言う」
Ｓ男「食べないとおなかがすいて死んじゃいますって言えば」
Ｍ子「みんなの大事なアオムシです。だからみんなで葉っぱを探しに行きま
　　す」

　それぞれの子どもの心にアオムシへの生命の危機に対する切実な思いや，
自分たちで，どうにかしなければという気持ちが言葉や表情に表れていまし
た。

　園長先生との交渉の末，全員で戸外への餌探しへの許可を得ることに成功
しました。このときばかりは，クラス全体で心から喜び合う姿が見られました。
しかし，無事許可をクリアした子どもたちの前に，さらなる試練が待ってい
ます。それが，２つ目の問題解決場面です。早速，戸外へ餌を探しに出たの
はよいのですが，肝心の餌が見つかりません。子どもたちは，アゲハチョウ
の餌に関する情報が不足しているため，餌を探すこと自体至難の業でした。

　そこで，保育者は，新たな方法で子どもに問題解決のアプローチを試みる
ことにします。すなわち，餌の情報を獲得する手段としてインターネット活
用を提案するのです。

　しかし，最初からインターネットで簡単に問題解決してしまっては，子ど
もに育ちつつある探究心の芽を摘みかねません。子どもには子どもなりの問
題解決の過程を踏ませていく必要があります。その過程のなかで，子どもに
新たな情報収集方法への必要性が高まった時期を見計らって，それに相当す
る手段としてICT活用するというように活動を提案するのです。

子どもたちが自らの方法でエサ情報収集に励む場面

保育者「アオムシの食べる葉っぱってどんな葉っぱなのかな？」

Ｋ子「図鑑で調べたらいい！」

Ｍ子「じゃあ，図書室がいいんじゃない。たくさん本があるし！」

Ｔ男「昆虫図鑑になら載ってるかも」

　子どもから色々な提案が出されました。早速，図書室に行き，『昆虫図鑑』『アゲハチョウ』『春の虫図鑑』などから，アゲハチョウに関する情報を収集し始めます。

Ｋ男「あっこれ，お部屋のアオムシと同じだ！　これなんて書いてあるの？」

Ｔ男「アオムシさんが乗ってる葉っぱなんだろう？」

保育者「ナミアゲハチョウって書いてるよ」

Ｔ男「パセリの葉っぱについてたのは，これだ。おんなじ模様してる」

保育者「キアゲハだって」

Ｋ子「えっ，同じアオムシでも，食べるものが違ってる！」

Ｒ子「アゲハチョウっていろんな種類がいるんだね」

Ｋ男「お部屋のアオムシさんの好きな葉っぱって，どんな葉っぱ？」

Ｋ子「食べたい葉っぱじゃないと困るね」

Ｒ子「何の葉っぱか，本に書いてあるかも」

　色々な図鑑から，餌となる葉っぱを探し始め，保育者のところに持ってきます。

保育者「金柑の葉っぱが好きって書いてあるね」

Ｔ男「金柑の葉っぱ？　近くにあるん？」

Ｋ子「取りに行けるところじゃないと，いつも餌あげられない。○○公園とかね」

　チョウの種類によって，餌となる葉の種類が違っていることに気づいたり，餌の話題を中心に友だち同士で活発な情報交換が始まりました。次第に，本や図鑑だけの情報では，ナミアゲハチョウの餌に関する必要な情報や知識が

十分に収集できないことに気づき始めます。

保育者「困ったなぁ，どうしたらいいかな？　近くにないとみんなで採りに
　　行けないよね」
Ｒ男「でも，もしかしたら幼稚園の近くには，ないかもしれないよ」
餌の採取についての問題が浮上し始めます。
保育者「あのね，みんなインターネットで調べることもできるんだけどやっ
　　てみようか」
みんな「図書館の本には，どこにあるかまで載ってない，パソコンで調べた
　　い！」

　早速パソコンルームに子どもを誘導し，インターネット検索を試みました。
保育者がパソコンに「岩国市　アゲハチョウ　餌場」と入力すると，「○○
田舎村がらくた昆虫館」とあるホームページ画面が表示されました。そこに
は岩国市のアゲハチョウの種類と餌場一覧が掲載されています。

インターネットによる情報検索の場面

保育者「あっ，あったよ。幼稚園の近くだと○○通りにあるって」

M子「先生，○○通りってどこ？」

保育者「歩いて行けるところだよ。スーパーマーケットの近くだね。アゲハ
　　の大好きな金柑の木があるって」

H男「それ，ぼくんちの近くだ！」

K男「じゃ，今からみんなで取りに行けばいい！」

　こうして，新たな問題解決の手段として ICT を有効活用することで，子
どもの必要性にかなった餌情報に出会わせることに成功しました。

■保育者の仕掛けと効果のポイント

　5次では，保育者が意図性をもって活動を仕組むことによって，様々な問
題解決場面と子どもとを出会わせていきました。子どもは，直面する一つひ
とつの問題と真剣に向き合いながらアオムシへの親密な関係を築いていきま
した。とくに，情報収集の場面では，子どもが自力で問題解決を試みるなか
で，子どもに餌情報に対する切実な必要性が高まった時期を見極め，保育者
がインターネットという新たな ICT の活用を適時に仕掛けていくところに
ポイントがあります。これは1次と3次の「オトキノコ」で行った生き物へ
の興味関心への喚起を促すための活用とは内容とその質が異なります。この
ように子どもの実態や必要性に応じて，適時，臨機応変に ICT 活用を工夫
して取り入れていくことで，より質の高い確かな体験を補完することができ
るのです。

6次　餌場である公園での餌の採取

ICT 活動で獲得した情報や知識を活用した餌探しによる実践的活動

　子どもたちは，餌探しに行くにあたって，個人持ちの葉っぱのノートを作ること思いつきました。そのノートを持って餌探しに出かけようというのです。

葉っぱノートを思いつく場面

R男「アオムシさんの葉っぱ，ちゃんと見つけられるかな」

K子「違う葉っぱと間違ったら大変だね」

H男「図鑑持っていけばいい」

R男「ぼく，持っていく」

Y子「私も持っていきたい！」

みんな「私も！　僕も！」

保育者「そんなに沢山ないよ」

Y子「だったら，図鑑を見てまねして描けばいいよ」

U男「上手に描けない」

K子「写真の方がいい」

K子「それいいね。葉っぱを間違わないし，すぐにわかるね」

H男「そうだ，葉っぱの写真をみんなが持ってたらいいんだよ」

U男「そうだ葉っぱ図鑑作ったら!!」

みんな「賛成!!」

保育者「じゃあ，写真や材料を用意してあげるから，自分用の葉っぱノートを作ってみようか」

　子どもの要望に応え，保育者はノート作りに必要な金柑の葉の写真などをパソコンからプリントアウトしました。子どもは，それらを活用して思い思

いのオリジナルノートを完成させました。実際の餌探し場面では，自作のノートを手がかりに，比べたり，嗅いだり，触ったりして，帝人通りを熱心に探す姿が見られました。

そして遂に，アオムシの餌となる金柑の木を探し当てることに成功しました。帰園後，子どもたちは，懸命な思いで探し当てた金柑の葉をアオムシのもとに届けました。アオムシが金柑の葉を勢いよく食べる様子に，子どもたちは，ほっとした安心感とどこか達成感に満ちた表情を浮かべていました。

■保育者の仕掛けと効果のポイント

5次と6次では，ICT機能のうち，インターネットを活用することによって，アオムシの餌となる情報を収集し，さらにはそれらの画像を活用して図鑑作りをするという新たな活動を試みました。

その結果，子どもたちは，インターネットで得た画像を貼りつけた自作のノートを手がかりにしつつ，実際に見たり，触ったり，嗅いだり，比べたりする直接体験を通して，知識だけではない確かな体験知を獲得することができました。このように実際に自らが情報を活用したことによって，子どもたちの探究的な学びはさらに深められたといえるでしょう。

つまり，子どもの興味・関心と必要感が高まっていく適時にICTの活用を導入工夫していくことで，確かな学びを築いていくことができるのです。このように，ICTは優れた教材となり得ることを確かめることができました。活用の仕方によって，子どもたちの学びに向かう力をより豊かに引き出すことができるのです。

ICT 活用ステップ 4

7次 羽化の瞬間との出会い

貴重な出会いを共有できる ICT 活動

　その後，子どもたちはアオムシの好む金柑（きんかん）の葉の色や質感にも気づくように
なり，黄緑色の若葉を選んで探すようになりました。子どもたちの世話の
甲斐もあって，黒かった小さなアオムシも，緑鮮やかな立派なアオムシへと
成長しました。やがてさなぎになり，遂に羽化の瞬間を迎えました。羽化の
瞬間に出会えない子どもたちのために，残りの4匹の幼虫の羽化の場面を録
画し，後日それらをクラス全員で視聴することにしました。

羽化の瞬間の場面

M男「がんばって，もう少し！」と食い入るように画面を見つめます。

K子「あっ背中からなんか見えてきたよ」

J子「大丈夫かな，ちゃんと出れるかな」

　子どもたちから「がんばれ，がんばれ！」と願うような応援の言葉が聞こ
えてきます。

R子「あと少しで出れそう」

Y男「羽がしわしわだ，病気かも」

K子「だんだん綺麗な羽になってきたよ。すごい」

B子「やったあ，チョウチョさんになったよ」

　画面にさなぎが映し出され，いよいよ羽化の瞬間です。クラス全員が，緊張の面持ちでその画面を食い入るように見守っています。徐々に，さなぎからアゲハチョウの身体が現れ始めると，自然とどこからともなく「がんばれー」と願うような応援の言葉があがりました。しわしわの羽を次第に大きく広げた瞬間，友だち同士でアゲハチョウの誕生を喜びあう姿が見られました。

　このように視聴を通して，クラス全員が希少なアゲハチョウの羽化の瞬間に出会えたのは，必要な情報を適時に提供できる ICT だからこそ実現できたことです。

　実践でのICT活動によって獲得された子どもの学びとは一体どのような学びなのでしょうか。

　この実践では，「学びの自立」はどのように育まれていくかという視点から，7次に及ぶ実践結果を次の様に考察しました。

　まず，子どもたちの学びの芽生えとなる「気付き」への顕著な変化が見られ始めたのは，3次の2回目の視聴でした。友だちと視聴を再体験・追体験することによって，1回目の視聴では気づくことがなかった画面上の生き物の細かな動きや体の仕組みにも，敏感に注意を注ぐようになっていきました。その変化は，3次で示した2回目のICT活動での子どもの会話にも表れていました。それぞれが，直接体験で得た生きた知識と重ね合わせながら，思ったことや知っている情報を積極的に伝え合う姿がそうです。

　また，ICT活動で生き物への興味・関心を喚起した後に4次で飼育活動を仕組むことによって，子どもとアオムシとの関わりや愛着が一層深まっていきました。

　5次のアオムシの生命の危機という非常事態では，自らの切実な問題意識として，その点についての自覚化が図られた貴重な体験となりました。また，同時にそうした切実な思いが，アゲハチョウへという対象への愛着とその生態についての探究心を育んでいきました。この頃から，子どもに新たな学びの姿が現われ始めました。子どものなかに，クラス集団としての学びの意識が芽生えていったのです。アオムシを中心とした連続的な問題解決を乗り越えていくなかで，子どもたちに対話的で深い学びが生まれ，それらは次第に「学びの共同体」を形成していきました。

　とくに，5次の園長先生に外出許可を試みる場面では，子ども同士で解決すべき問題の焦点化を図り，真剣に意見を出し合いました。それぞれが試行錯誤を繰り返し，問題解決に向かおうとする姿や園長先生から外出許可をもらい，クラスが一体となって喜びや達成感を共有しあう場面は，まさに「学びの共同体」としての姿といえるでしょう。

6次のアオムシの餌の情報を収集する活動では，子どもの学びは，さらに深まっていきました。子どもは，アオムシの餌の情報収集のため，自ら図書室に出向き，絵本や図鑑から情報収集を試みます。必要な情報が手に入らない状況下において，保育者はインターネットでの情報検索を提案し，子どもたちとともに試みました。子どもたちは，ネット検索で得たそれらの情報を活用して，さらに餌探しを効果的に行うための手作りの葉っぱノート作りを思いつきました。実際に足を運んだ公園では，誇らしげに手作りの資料を開き真剣に葉を観察する姿がとても印象的でした。

　最後に7次の羽化シーンの再現は，ICTだからこそ実現できた活動といえるでしょう。ICT活用の利点は，直接体験では，一度きりの限りある体験をもう一度再現したり，追体験したりすることを可能するところです。

　このようにICTの活用は，行きつ戻りつする子どもの発達特性に適う知的媒体として，これからの教育に大いに役立てられる教材となることが明らかになりました。

　以上を踏まえ，ICTから得られた学びと実体験から得られた学びが互いに応答しあう「応答的中間領域」によって，子どもに確かな体験を補完することができました。

5 ICT 活用と 幼児期に育てたい10の姿

　本章では，教育における ICT 活用について，2つの視点から説明してきました。1つ目は，スマートフォンなどのデジタルデバイスを教育の記録媒体として活用することで，10の姿をはじめとする子ども理解が飛躍的に変化していくということです。2つ目は，教育活動にデジタル教材を適時導入することで直接体験だけでは得られなかった新しい学びの体験領域が子どものもとに開かれていくということです。

　まず，子ども理解については，10の姿に照らして，スマートフォンを活用した事例を紹介しました。スマートフォンのよいところは，目の前で起こっている出来事を指先一つで手軽に記録できることはもちろん，それらの情報をいつでもどこでも取り出すことができるところです。これは，教育記録の画期的な方法です。とくに，多忙を極めている保育者にとって，今後有効なツールとなっていくでしょう。

　とくに，記述式にはない映像記録のよさは，時間経過とともに記録が色あせたり，欠けたりする心配がないところです。さらに，映像記録の最大の魅力は，生きた映像によって事実とともに教育の普遍性をそのままに伝える力をもっているところでしょう。

　実践12では，一つのエピソードに基づいて2回の振り返りを行いました。2回目の振り返り場面では，映像に映し出された事実ともう一度向き合うことで，より深い内省的思考が生まれていくことがわかりました。これは，自らの主観を超えて，教育の本質へと目が向けられるようになっていったことを意味します。

　また，こうした取り組みは，個人的なものに留まらず，研修の素材として多様な活用の仕方が期待できます。たとえば，園内で10の姿について，一つの映像記録をもとに，カンファレンスを行うとしましょう。10の姿への様々

な考え方や見方に触れることで，子ども理解が格段と深まり，保育者としての専門性がいっそう磨かれていきます。また，質の高いカンファレンスを積み重ねることによって，教育における普遍的な価値や不易（変わらないこと）の部分が明らかになり，次第に園全体に学びの共同体としての意識が育っていきます。そうした学び合う関係によって支えられた職場環境は，園全体を活性化し，保幼・小をつなぐ確かな育ちと学び場を保証していくことでしょう。

　次に，スマホネイティブと呼ばれる直接体験に乏しい環境に生きる子どもたちに，確かな体験を保証しいくためにはどのような教育活動が求められるかについて考えていきました。これは現代をはじめ，将来に続く教育現場の重要な課題の一つです。とくに，五感や感情を伴った具体的な体験が必要な幼児期とっては，より切実な問題といえるでしょう。

　こうした課題に対して，岩国東幼稚園の実践から，これからの教育活動への展望が見えてきました。すなわち，日々出会う直接体験とICT活動によって得られた学びが行き交う新しい「応答的中間領域」を子どものもとに開いていくという新しい保育活動の試みです。この領域の最大の魅力は，子どもたちの興味や関心の高まりに応じて，適時に情報との出会いを仕組むことで，直接体験を超える新しい学びの領域が開かれていくことです。

　その他にも，ICT活動を導入することによって様々な効果が期待できます。たとえば，一人ひとりの知的好奇心を効果的に引き出せること。自らの課題を追究する補完教材として優れた力を発揮できること。子どもたちの感情に訴えかける力があり，直接体験との相乗効果が期待できること。一人ひとりに合った「わかる」をきめ細やかに補えること，などなど。その活用の仕方によって直接体験と間接体験の学びをバランスよく支える教材的価値は，たくさん発見できるでしょう。

　今回の岩国東幼稚園のICT活動では，個々の学びはもちろん学びの共同体の働きによって主体的・対話的で深い学びとなる場面がたくさん見られました。これは，10の姿にも深く関連しています。

今後，保育者が自在に ICT を使いこなす時代がやってくるでしょう。将来，ICT が積極的に教育に導入されることによって，子どもの体験や学びは飛躍的に変化していくに違いありません。

　本章での取り組みを参考にして，これからの情報化社会を生き抜く子どもの新しい学びのかたちを作り，次世代を支える希望の領域として取り組みのきっかけを作っていくことがいっそう必要になるでしょう。

付録

「10の姿」を組み込んだ！
年間指導計画具体モデル

年間指導計画0歳児

年間目標	○家庭と園とのつながりのある生活リズムのなかで、一人ひとりが心身ともに満たされ、快適に過ごす。 ○保育者との信頼関係をもとに安心して周囲とかかわり、身近な人や物に興味関心をもつ。 ○一人ひとりの発達に応じ、のびのびと身体活動を楽しむ。	0歳児の終わりまでに育ってほしい姿	低月齢	・立つ、伝い歩き、一人歩きなどの運動を積極的に行うようになる。 ・安心できる環境のなかで、安心した気持ちで過ごせるようになる。 ・周囲の人に興味や関心を示し、かかわろうとするようになる。 ・喃語、身振り、指差しで自分の思いを伝えようとするようになる。
			高月齢	・活発になり、全身を使ったあそびを楽しむようになる。 ・保育者や友だちとのかかわりを喜ぶようになる。 ・身振り、片言などで自分の思いを伝えようとするようになる。

年間区分	1期（4月〜5月）	2期（6月〜8月）	
ねらい	○新しい環境に慣れ、一人ひとりの生活リズムで健康に過ごす。 ○安心できる保育者にしっかりと気持ちを受け止められ、安定して過ごす。	○水分補給や休息を十分とり、夏を快適に過ごす。 ○沐浴やシャワーをし、汗を流して心地よく過ごす。 ○保育者のそばで安心して探索あそびをする。	
内容 ◎養護 ○教育	◎一人ひとりの健康状態や発達に合った援助をし、保育者と信頼関係を築いていけるようにする。 ○保育者と触れ合って遊んだり、好きな玩具で十分遊んだりする。	◎安心できる環境で、一人ひとりがゆったりと過ごし、生活リズムが整うようにする。 ○水の感触をはじめ、いろいろな素材の感触を楽しむ。 ○からだを動かしいろいろな動きや姿勢を楽しんで遊ぶ。	

月齢	6か月〜9か月未満	9か月〜1歳未満	
ねらい 発達の道程 または目安	○離乳食に慣れ、食べることを好むようになる。 ○寝返り、腹ばい、座る、ハイハイをする。 ○人見知りが始まり、後追いが激しくなる。 ○声出しが盛んになり、声を出して大人を呼ぶようになる。	○食べることに意欲的になり、3回食へ移行する。手づかみで食べようとする。 ○ずりばい、ハイハイ、つかまり立ちなど移動運動が盛んになってくる。 ○喃語が盛んになり、身振りや仕草で気持ちを伝えようとする ○睡眠の時間がまとまり、一定の時間帯に眠るようになる。	
養護 （生命の保持 情緒の安定）	○一人ひとりの発達状態に合わせ、離乳食の開始や内容を検討する。 ○睡眠リズムの変化に対応して、活動時間や内容を調整する。 ○保育者の丁寧なかかわりのなかで、安心して過ごせるようにする。	○一人ひとりに合わせて、スプーンや手づかみで食べることを経験できるようにする。 ○特定の大人と愛着関係を築いたうえで、好奇心を満たしていく。	
教育 〔3つの視点〕	○安心できる環境のなかで、からだを動かして遊ぶ。（健） ○身近な保育者などに親しみを強くもち、他の大人にも関心をもつ。（人） ○手あそびやふれあいあそびを喜ぶ。（もの）	○歌や音楽に興味をもち、リズムに合わせてからだを動かして遊ぶ。（健・もの） ○興味をもったものに視線を向けたり、指差しをしたりして、言葉と一致させようとする。（人・もの）	
■環境構成 ◇配慮事項	■活動範囲の広がりに伴い、安全面、衛生面に留意し、活動しやすい環境を整える。 ◇甘えや欲求、不安をその都度きちんと受け止め、安定した気持ちで過ごせるようにする。	■一人ひとりの成長に合った運動や探索活動が楽しめるように、空間や遊具を工夫する。 ◇保育者とふれあい、わらべうたや手あそびなどを楽しみながら、人間関係を深めていく。	
家庭との連携	○離乳食は家庭との連携を密にしながら進めていく。（アレルギー対応についても） ○信頼関係を大切にし、安定した生活を送れるようにする。	○発語や移動運動など成長が著しい時なので、互いに成長を喜び合うようにする。 ○園の安全対策を伝え、家庭での環境の見直しの材料となるようにする。	

144

共通	・保育者に援助されながら，食事や着脱などの活動を自分でしてみようとするようになる。 ・保育者の見守りのなかで玩具の貸し借り，順番などを少しずつ理解するようになる。 ・身近な人や物に興味や関心を示し，見たり触れたりするようになる。 ・周囲のさまざまな環境に興味を広げ，見る，聞く，触れる，嗅ぐ，味わうなどの感覚を働かせようとするようになる。 ・保育者の声かけや援助により，自然に出会う興味をもち美しさや変化を感じるようになる。 ・保育者とのやりとりのなかで数，形，色，手触りに少しずつ興味を示すようになる。 ・生活のなかでさまざまな出来事に触れ，心で受け止め，感じたことを全身で表そうとするようになる。	

3期（9月～12月）	4期（1月～3月）
○一人ひとりの発達に合った全身運動を楽しむ。 ○戸外あそびを通して身近な自然に触れ，探索あそびをする。 ○保育者と一緒に遊ぶなかで，友だちに関心をもつ。	○冬の感染症に留意し，健康に過ごす。 ○園内での探索あそびを通して，興味や関心を広げる。 ○信頼できる大人に身振りや片言で，自分の気持ちを表現し，受け止めてもらう。
◎保護者との連携により，一人ひとりの発育・発達に応じて運動機能が発達するように援助する。 ○散歩などに出かけ，秋の自然物に触れる。 ○友だちに興味が出てきて，あそびを観察し，真似て遊ぶ。	○安心できる大人とのかかわりのなかで，自分の思いを表現し受け止めてもらえる安心感をもって，園生活を楽しめるようにする。 ○体調を見て，天気の良い日は園庭でのびのびと遊ぶ。 ○冬の自然事象を見たり触れたりし，感覚を通して遊ぶ。

1歳～1歳3か月未満	1歳3か月～2歳未満
○歯や歯茎を使って噛んで食べるようになる。 ○伝い歩きから一人歩きができるようになり，探索の範囲が広がる。 ○つまむ，叩く，引っ張るなど手指を使って遊ぶ。 ○「ママ」「ブーブ」など意味のある言葉を言うようになる。	○こぼしながらも，自分で食べようとする。 ○一人歩きが安定し，階段の上り下りをしたり，両足跳びをしようとしたりする。 ○友だちへ関心を示し，同じことをして遊ぼうとする。 ○自分の要求を通そうとし，けんかやトラブルもある。 ○感情表現が豊かになり，自分の要求を通そうとする。 ○好きな絵本ができると，何度も繰り返し読んでもらいたがる。
○食後は手や口元をおしぼりで拭いたり，口の中に食べ物が残らないよう，水分を摂り口をゆすいだりする。 ○発語に優しく応え，安心感を味わえるようにする。	○動きたい気持ちを受け止め，十分にからだを動かせるようにする。 ○自分で食べられる喜びを共有し，楽しく食事できるようにする。 ○安心して欲求を表せるようにし，伝えたい気持ちを受け止める。
○指先を使った細かい動きを楽しむ。（健） ○特定の保育者と喃語や言葉のやりとりを楽しむ。（人） ○安心できる環境のもとで，一人あそびを十分にする。（もの）	○活発になり，全身を使ったあそびを楽しむ。（健） ○衣服の着脱に意識が向き，自分でしようと意欲になる。（健） ○保育者や友だちへの関心が表れ，同じことをしたり，物の取り合いをしたりする。（人・もの）
■行動範囲が広がるので，安全に十分配慮する。また，興味，関心のある玩具を用意したり，安心してのびのび遊べるような空間を作ったりする。 ◇子どもの指差しには一つひとつ言葉をかけて受け止め，関心が深められるようにする。	■自分でやりたい気持ちが十分に満たされるような環境を整えることで，満足感が得られるようにする。 ◇他の子どもとのかかわりにより，関心がもてるよう，必要な仲立ちをしていく。
○成長した子どもの様子を伝え，動きやすい服装や靴の用意など，協力をお願いする。 ○食事の好みが現れやすい時期なので，家庭と話し合って無理なく対応していく。	○自分でしようとする気持ちや，成長について家庭でも受け止めてもらう。 ○1歳児クラスへ移行するにあたり，不安のないよう話し合いをする。

年間指導計画 1 歳児

<table>
<tr><td rowspan="2">年間目標</td><td>○快い生活リズムのなかで，基本的な生活習慣を少しずつ身につける。
○安全な環境のなかで，保育者に見守られながら発達に応じた活動を楽しむ。
○探索活動を通して，十分に聞く，見る，触れるなどの経験をし，人や周りの物への関心をもつ。
○安定した人間関係のなかで，一人あそびを十分に行い，経験を通じ言葉を獲得する。</td><td>1歳児の終わりまでに育ってほしい姿</td><td>低月齢</td><td>・歩行の確立によりからだを動かすことが楽しいと感じるようになる。
・身の回りのことを保育者と一緒にしようとするようになる。
・他の子どもに関心をもち，かかわろうとするようになる。
・決められた所へ，物を入れたり出したりするようになる。
・遊びの終わりがわかり，保育者と一緒に片付けるようになる。
・保育者の援助により，新たな人や物への興味を広げるようになる。
・身近な環境に興味や関心をもち，探索をして遊ぶようになる。
・五感を使って身近な自然と触れ合うようになる。
・食べ物の名前，味，形，色などに興味を示すようになる。
・絵本の読み聞かせや保育者の応答的なかかわりによって，片言，一語文，二語文話せるようになる。
・保育者と友だちの真似をして，からだを動かすことを喜ぶようになる。</td></tr>
</table>

年間区分	1期（4月～5月）	2期（6月～8月）	
ねらい	○新しい環境に慣れ，安心して過ごす。 ○生活の流れを知り，心地良く過ごす。 高）保育者に見守られながら，好きなあそびを十分に楽しむ。 低）保育者のそばで安心して好きなあそびを見つけて楽しむ。	○保育者との信頼関係を築きながら，安定して過ごし周囲への好奇心や興味をもつ。 ○保育者に手伝ってもらいながら，身の回りのことに興味をもち，自分でしてみようとする。 高）水，砂，その他様々な素材に触れ，自分なりに試すことを楽しむ。 低）水あそびやプールあそびを楽しみ夏を心地良く過ごす。	
内容 養護 生命・情緒	○一人ひとりの気持ちを受け止め，応答していくことを通して，信頼関係を築いていけるようにする。 ○おむつ交換や手洗い，衣服の着脱などから，心地良さを感じられるようにする。	○子どもが自ら環境にかかわろうとする姿を見守ったり共感したりして，主体的なあそびや活動が広がっていくようにする。 ○衛生面や感染症に留意しながら，適切な水分や休息をとり，快適に過ごせるようにする。	
教育 健康／人間関係／環境／言葉／表現	○抱っこやおんぶなど十分にスキンシップをとりながら，身近な保育者に慣れる。（人・健） ○安心できる環境のなかで，食事をしたり睡眠をとったりする。（健） ○保育者に見守られるなかで，好きな場所やあそびを見つけて遊ぶ。（環・人） ○自分で欲求を仕草や行動，簡単な言葉で伝えようとする。（言・表） ○絵本に親しんだり，手あそびや季節のうたを歌ったりする。（表・言）	○楽しい雰囲気のなかで，自分の心地良い場所が見つかり，安定して過ごす。（健） ○自分の持ち物やマークがわかり，自分の物を大切にしたり，友だちの物を渡そうとしたりする。（人・健） ○水の冷たさや心地良さ，砂，土，寒天，片栗粉など様々な素材の感触を味わう。（環） ○指さし，仕草，行動，自分なりの言葉などで自分の思いを表し，保育者に伝えようとする。（表・言） ○保育者や友だちと絵本のなかのくり返しの言葉を言ったり，好きなうたを歌ったりして楽しむ。（人・表・言）	
■環境構成 ◇配慮事項	■一人ひとりの生活リズムを大切にして，食事・睡眠時間を調整し，無理なく過ごせるよう見通しをもって保育を進める。 ◇子どもが興味をもてるよう，発達に合った玩具を用意する。 ◇応答的なかかわりを通じて，信頼関係を築いていく。 ◇行動範囲を安心して広げられるよう見守り，安全に遊ぶことができるようにする。	■様々な感触を味わうことができるよう，素材や道具を多めに用意する。 ■一人ひとりの健康状態に合わせて，水分補給や休息がとれるようにする。 ◇子どものしたいという気持ちを受け止め，励ましたり，見守ったりしながら，意欲を高めていく。 ◇友だちの持っている物を使いたい時には，互いの思いを代弁し，身振りや言葉で伝えていけるようにする。	
家庭・地域との連携	○連絡帳や送迎時の対話で毎日の様子を伝え，不安や疑問が解消するように心がける。 ○保護者の不安な気持ちを受け止め，丁寧にかかわるようにする。	○疲れや感染症が出やすい時期なので，食事，睡眠，健康などについて連絡を取り合う。	

月	4月	5月	6月	7月	8月	9月
ねらい	○新しい環境に慣れ，安心して過ごす。 ○保育者に見守られながら，好きなあそびを十分に楽しむ。	○春の自然に触れながら，散歩や戸外あそびを楽しむ。 ○保育者と一緒に遊ぶなかで，おもしろさを十分に味わう。 ○園生活のリズムに慣れ安心して過ごす。	○保育者に思いを受け止めてもらい，清潔に気持ちよく過ごす。 ○保育者に見守られながら，好きなあそびや探索活動を十分に味わう。 ○保育者や友だちとの触れ合いを通してかかわりを楽しむ。	○水あそびやプールあそびを通して，水に親しむ。 ○保育者に見守られながら，好きなあそびや探索活動を十分に楽しむ。 ○保育者や友だちとのかかわりを楽しむ。	○保育者と一緒に心地良く過ごすなかで，自分でしてみようとする。 ○水あそびやプールあそびのおもしろさや気持ち良さを味わう。 ○身近な人に関心をもち，真似たり見立てたりして遊ぶ。	○ゆったりと生活リズムを整えながら，身の回りのことを自分でしてみようとする。 ○自分の気持ちや要求を言葉や仕草などで伝え，安心して過ごす。 ○保育者や友だちと一緒に全身を使ったあそびを十分に楽し

・大まかな一日の生活の流れがわかるようになる。

・自分でしてみる経験を繰り返すことにより、できるようになる喜びを感じるようになる。

・友だちと一緒に遊ぶことが楽しくなり、思いを主張しながらもあそびが持続するようになる。

・繰り返しの経験のなかで、決まりがあることに気づくようになる。

・順番に交代することがわかり、少しの間なら待つことができるようになる。

<table>
<tr><td rowspan="8">高月齢</td><td>・異年齢児の子どもの活動に興味を示し、見たり真似たりして、一緒に遊ぶようになる。</td></tr>
<tr><td>・つまむ、ひねる、丸めるなど素材を使ったあそびを楽しみ、作った物で見立てあそびをするようになる。</td></tr>
<tr><td>・身近な動植物に触れたり、見たりして親しみをもつようになる。</td></tr>
<tr><td>・玩具やいろいろな素材に触れるなかで、形、色、大きさ、量などに気づけるようになる。</td></tr>
<tr><td>・仕草や言葉で思いを伝えようとするようになる。</td></tr>
<tr><td>・さまざまなものをからだと心の両方で感じる経験を重ね、感覚や感性が育つようになる。</td></tr>
</table>

3期（9月～12月）	4期（1月～3月）
○一日の生活の流れがわかり、身の回りのことを少しずつ自分でしようとする。 ○音楽を聴いて体を動かしたり、上り下り、走る、跳ぶ、くぐるなどのびのびとからだを動かしたりして、全身を使ったあそびを楽しむ。 ○保育者に自分の思いを身振りや簡単な言葉で表現しようとする。 ○保育者や友だちと一緒に秋の自然に触れて遊ぶ。 高）保育者や友だちと見立てやつもりあそびなどを楽しむ。 ○季節の変化による保健衛生に十分留意し、快適に生活できるようにする。 ○一人ひとりの自己主張に応答的にかかわる中で、安心して自分の思いを出していけるようにする。	○冬の自然に触れ、十分にからだを動かす楽しさを味わう。 ○試したりイメージを膨らませたりして、好きなあそびをくり返し楽しむ。 ○保育者や友だちと簡単な言葉のやり取りを楽しむ。 高）簡単な身の回りのことを、自分でしようとする。 高）進級に向けて期待や喜びを持って楽しく過ごす。 低）身の回りのことを自分なりに試しながらしようとする。 ○感染症予防に努め、温度、湿度、換気、衛生面などに気をつける。 ○「やってみよう」「やってほしい」などそれぞれの思いに寄り添い、主体的に身の回りのことに取り組めるようにする。
○身の回りのことに興味をもち、してみようとする。（健） ○さまざまな動きを経験し、体を動かすことを楽しむ。（健） ○友だちの存在を意識し、かかわろうとする。（人） ○秋の自然に触れながら、探索活動を十分に楽しむ。（環） ○自分の思いや要求を仕草、簡単な言葉、身ぶりなどで伝えようとする。（言） ○絵本や紙芝居を楽しむなかで、言葉のやりとりを楽しんだり、好きなフレーズを見つけてくり返したりする。（表・言）	○身の回りのことをしようとし、できた喜びや満足感を味わう。（健） ○さまざまな素材や道具をあそびに取り入れ、使い方を試しながら、保育者や友だちと一緒に見立てあそびを楽しむ。（人・環） ○氷を触るなど冬の自然に触れて遊ぶ。（環） ○指先を使ったあそびを楽しむ。（健） ○絵本を読んだり、生活やあそびのなかで言葉を使って簡単なやりとりをしようとする。（言） ○保育者や友だちと一緒に好きなうたを歌ったり、リズムあそびを楽しんだりする。（表）
■歩く、走る、跳ぶ、ぶら下がる、くぐるなどいろいろな動きを楽しめるように、巧技台や体育遊具など配置する。 ■秋の自然物を使ったあそびや制作など楽しめるよう、素材を準備する。 ■見立てあそびに必要な用具や素材を用意し、じっくりあそび込めるようにする。 ◇子どもの気持ちを受け止め、小さな成功体験がたくさんできるように援助する。 ◇「友だちと同じことをしたい」という思いを受け止めながら、言葉で仲介し友だちと一緒に楽しめるようにする。 ◇子どもが伝えようとすることにじっくり耳を傾け、安心して自分の思いを伝えられるようにする。	■健康に留意した気温や湿度を保つようにする。 ■友だちと一緒に遊べるように同じ物を複数用意し、同じあそびをする楽しさを感じられるようにする。 ◇「自分で」という気持ちに寄り添い、一人ひとりのやり方やペースを尊重しながら、「できた」という満足感が味わえるようにする。 ◇氷や霜柱、雪に触れ　冬の冷たさやおもしろさを一緒に楽しむ。 ◇思いがぶつかりあう時には、互いの気持ちを受容し、わかりやすく仲立ちをして、かかわり方を知らせていく。
○行事に参加してもらい、親子で楽しいひとときを過ごし、保護者同士で交流したりする場となるようにする。 ○運動会や発表会などの行事を通じて園での子どもの様子を見てもらい、成長を実感し子育ての意欲が高まるようにする。	○感染症の情報を伝え、子どもの体調について把握してもらう。 ○一年間を振り返り、保護者と共に成長を喜び合う。 ○進級の話を通して、子どもの育ちについて今後の見通しを伝える。

10月	11月	12月	1月	2月	3月
○試行錯誤しながら、身の回りのことを自分なりにしてみようとする。 ○秋の自然に触れ、からだを十分に動かして遊ぶ。 ○簡単な言葉や身ぶり手ぶりで、自分の思いややってほしいことを保育者に伝えようとする。	○保育者や友だちと一緒に秋の自然に触れ、からだを動かして遊ぶ楽しさを味わう。 ○保育者や友だちとのかかわりのなかで、思いを言葉や仕草で表現しようとする。	○保育者や友だちからだを動かして遊ぶことを十分に楽しむ。 ○保育者や友だちと言葉や身ぶりなどでやりとりをしながら一緒に遊ぶ。 ○クリスマスを身近に感じ、保育者と一緒に雰囲気を味わう。	○身の回りのことを自分でしようとしたり、できない所は言葉で伝え手伝ってもらったりする。 ○保育者や友だちと言葉や身ぶりでやりとりしながら、ごっこあそびや模倣あそびを楽しむ。 ○冬の自然に触れながら、からだを動かして遊ぶことを楽しむ。	○身の回りのことを自分なりにしながら、してみようとする。 ○保育者や友だちと一緒に簡単な言葉のやりとりをしながら、見立てやつもりあそび、ごっこあそびを楽しむ。 ○冬の自然に触れ、探索活動やからだを使ったあそびを楽しむ。	○「自分でできた」という喜びや満足感を感じながら、身の回りのことを自分でしようとする。 ○戸外で散歩や探索活動を楽しみながら、春の自然に触れて遊ぶ。 ○友だちと一緒に遊ぶことを喜び、友だちへの関心を深めていく。

年間指導計画２歳児

年間目標	○簡単な身の回りのことを自分でしようとする。 ○保育者と一緒に全身を使う運動や，指先を使うあそび，ごっこあそびなどを十分に楽しむ。 ○興味のあることを模倣したり，経験したりしたことを言葉や動作で表現しようとしたりする。 ○あそびや活動を通じて，興味・関心および友だちとのかかわりを広げていく。		**2歳児の終わりまでに育ってほしい姿** 低月齢	・自分でトイレに行き，後始末や手洗いをしようとするようになる。 ・保育者との安定的なかかわりのなかで，簡単な身の回りのことを自分でしようとするようになる。 ・友だちとのかかわりができ，一緒に行動したり，同じあそびを好んでしたり，つもりやごっこあそびをしたりするようになる。 ・保育者の仲立ちにより，順番がわかったり譲ったりするようになる。 ・保育者のお手伝いをすることを喜び，楽しんで行うようになる。 ・気づいたことを話したり，友だちの話を聞いたりするようになる。 ・身近な動植物に触れ，不思議さやおもしろさを感じるようになる。 ・物の形や色，大きさ，重さに気づくようになる。 ・絵本を見たり聞いたりして，言葉のくり返しを楽しむようになる。 ・保育者と友だちの真似をしてからだを動かすなかで一体感を味わうことを喜ぶようになる。		

年間区分			1期（4月～5月）	2期（6月～8月）	
ねらい			○新しいクラスや保育者に慣れる。 ○身の回りのことを，保育者と一緒にしながら生活の仕方を知る。 ○保育者や友だちと一緒に好きなあそびをする。	○保育者に手伝ってもらいながら，身の回りのことをしようとする。 ○水，砂，泥に触れながら，全身を使ってダイナミックに遊ぶ。 ○保育者や友だちと一緒に，好きなあそびを楽しむ。	
内容	**養護**	生命・情緒	○一人ひとりの欲求を満たし，保育者との触れ合いのなかで，安心して過ごせるようにする。	○梅雨期，夏季の健康に留意して，十分に休息できる環境を作り，元気に過ごせるようにする。 ○信頼関係のもと，安心して自分の思いを表すことができるようにする。	
	教育	健康／人間関係／環境／言葉／表現	○こぼしながらも，スプーンやフォークを持って自分で食べる。（健） ○誘われてトイレに行ったり，排泄後に知らせたりする。（健） ○保育者の言葉かけにより，石けんを使って手を洗ったり，タオルで拭いたりする。（健） ○保育者にそばについてもらって，安心して眠る。（健） ○持ち物の置き場がわかり，生活の仕方を身につけていく。（健） ○好きなあそびを見つけて遊ぶ。（環） ○簡単な挨拶をする。（言） ○なぐり描きをしたり，粘土をこねたりする。（表） ○歌ったり，手あそびをしたり，リズムに合わせてからだを動かしたりする。（人・表）	○保育者に言葉かけをされながら，自分で食べる。（健） ○尿意を動作や言葉で知らせ，保育者と一緒にトイレに行き排泄する。（健） ○簡単な衣服の着脱は，自分でする。（健） ○友だちのしていることに興味をもち，模倣あそびをしながら，短時間かかわって遊ぶ。（人） ○保育者と一緒に身の回りのもの（服，靴，玩具など）を出したり片付けたりする。（環） ○水，土，砂に触れ，開放的に夏のあそびを楽しむ。（環） ○してほしいことや，やりたいことを言葉で伝えようとする。（言） ○なぐり描きをしたり，のりで貼ったりする。（表） ○絵本や紙芝居を見たり，聴いたりして親しむ。（人・言・表）	
■環境構成 ◇配慮事項			■持ち物の置き場がわかるようにマークを貼り，保育者が一緒に行いながら生活の仕方を知らせていく。 ■自分の好きな場所や選んで遊べる環境を工夫して整える。 ◇食事・排泄・午睡などが安心してできるようにゆったりとした生活リズムと雰囲気作りを心がける。	■暑さで体調を崩しやすいので，健康には十分留意し，気持ちよく過ごせるようにする。特に戸外で遊ぶ時間，室温の調整，水分補給については細心の注意を払う。 ◇自分でしようとする気持ちを大切にして，うまくいかない苛立ちは丁寧に受け止める。	
家庭・地域 との連携			○園での様子と家庭での様子をともに伝え合い，保護者との信頼関係を築く。	○暑い時期の健康管理について，家庭との連絡を密にする。 ○戸外あそびでよく汗をかき，汚れも多くなるので，着替えを多めに用意してもらう。	

月	4月	5月	6月	7月	8月	9月
ねらい	○新しい環境や生活リズムに慣れ，安心して過ごせるようになる。 ○好きなあそびを見つけて楽しむ。 ○春の自然に触れながら，戸外でからだを動かして遊ぶ。	○園生活の流れがわかり，安心して過ごす。 ○保育者や友だちと一緒に好きなあそびを楽しむ。 ○からだを動かして遊んだり，砂や泥，水などに触れて春の自然を楽しむ。	○梅雨時期は健康で快適に過ごす。 ○保育者に援助されながら，身の回りのことをしようとする。 ○砂や泥，水などに触れて楽しむ。 ○指先を使ったあそびを楽しむ。	○一人ひとりのペースで，着脱や排泄など身の回りのことを自分でしようとする。 ○水の冷たさを感じながら保育者や友だちと水あそびやプールあそびを楽しむ。 ○保育者や友だちとやりとりのあるあそびを広げていく。	○簡単な身の回りのことを，保育者に援助してもらいながら，自分でしようとする。 ○保育者や友だちと水や泥にたくさん触れ，夏のあそびを楽しむ。 ○自分の思いや，してほしいことを言葉で伝えようとする。	○気候や体調に合わせて，無理なく過ごす。 ○保育者に見守られながら，身の回りのことを自分でしようとする。 ○保育者や友だちとからだをしっかり動かして遊ぶ。

高月齢

- 基本的な運動機能や手指の機能が発達し，身の回りのことをしようとするようになる。
- 自分からしようとする意欲，あきらめずにやり遂げようとする気持ちが芽生えるようになる。
- 自我が育ち，相手の気持ちに気づくようになる。
- 友だちと簡単な約束を守り，一緒に遊ぶことを楽しむようになる。
- 身近な人とともに伝統文化などを楽しみながら，地域と親しみを感じるようになる。
- 目の前にはない場面や事物を頭のなかでイメージして目の前の物に見立てるようになる。
- 季節のあそびを通じて，自然の豊かさや自然事象に関心をもつようになる。
- 生活のなかで，身の回りの物の名前や簡単な数，形，色などがわかるようになる。
- 見たことや感じたことを言葉で伝えたり，友だちや保育者と言葉のやりとりをしたりして楽しむようになる。
- 興味のあることや経験したことなどを，生活やあそびのなかで，再現したり真似たりする楽しさを味わうようになる。

3期（9月〜12月）	4期（1月〜3月）
○簡単な身の回りのことを少しずつ自分でやってみようとする。 ○身近な自然の中で，十分に体を動かして遊ぶ。 ○さまざまな経験や体験から，見立てつもりあそびを楽しむ。	○生活の流れが身につき，身の回りのことが自分でできることを喜び，自信をもつ。 ○ごっこ遊びや簡単なルールのある遊びを通して，友だちと一緒に遊ぶ楽しさを味わう。 ○冬の自然事象に親しみ，寒くても戸外で元気に遊ぶ。
○気温や季節の変化に留意しながら，快適に過ごせるようにする。 ○自分の思いや感情の表出を保育者に共感的に受け止められることを通して，自信につなげられる。	○かぜが流行する時期なので，室温，換気に気を配り，手洗いやうがいなどの予防に努めて，元気に過ごせるようにする。 ○身の回りのことを自分でする姿を見守り，一人ひとりに合わせてこまやかに配慮しながら，自分でできた喜びを味わうことで，自信につなげられるようにする。
○苦手なものでも保育者に励まされて，手伝ってもらいながら，食べようとする。（健） ○尿意，便意を言葉で知らせ，自分からトイレに行き排泄する。（健・言） ○手洗い，うがいなどが丁寧にできるようになる。（健） ○戸外で思いきりからだを動かして遊ぶ。（健） ○保育者や友だちとごっこあそびをしながら，簡単な言葉のやりとりをする。（人・言） ○自然物を見たり触れたりしてあそび，好奇心や興味をもつ。（環） ○自分の気持ちや要求を，言葉や動作や表情で伝えようとする。（言） ○のり，はさみに興味をもち，貼ったり切ったりする。（表） ○保育者や友だちと一緒に歌ったり，からだを動かしたりする。（表）	○楽しく食事をするなかで，正しく箸やスプーン，フォークを使って食べる。（健） ○自分からトイレに行き排泄し，後始末をしようとする。（健） ○簡単な衣服の着脱を一人でしたり，片付けたりする。（健） ○手を洗う，鼻をふくなど，保育者の手を借りながら自分でする。（健） ○保育者や友だちと一緒に，簡単なルールのあるあそびをする。（人） ○冬の自然に触れて遊んだり，季節の変化に気づく。（環） ○経験したことや身近な出来事を言葉で伝えようとする。（言） ○貼ったり，切ったり，描いたりして，いろいろな素材に触れて遊ぶ。（表） ○楽器を使って表現あそびを楽しむ。（表）
■活発に体を動かす機会を多くもち，のびのびと遊べるよう，発達に応じた運動遊具の使い方や組み合わせ方を工夫する。 ◇模倣やごっこあそびのなかで，友だちと一緒に遊ぶ楽しさを経験出来るように，保育者が仲立ちしていく。	■室温，湿度に配慮し，感染症の流行を防止する。 ◇生活や遊びのさまざまな場面で，自信がもてるよう認めたり，ほめたりし，その自信が次の意欲につながるように丁寧にかかわっていく。
○園の行事について伝え，参加を呼びかける。 ○運動会や，生活発表会などを通して，子どもの成長をともに喜ぶ。	○進級に向けて，子どもの成長，発達をともに喜び合い，子どもの自信につなげる。

10月	11月	12月	1月	2月	3月
○生活の流れがわかり，身の回りのことを自分でしようとする。 ○秋の自然に触れて遊ぶ。 ○生活や遊びを通して友だちとかかわることを楽しむ。	○さまざまな素材を使って，手指を使うあそびや表現活動を楽しむ。 ○保育者や友だちと簡単なやりとりのあるあそびを楽しむ。 ○自分でできることが増え，簡単な身の回りのことを，自分でしようとする。	○戸外でからだを動かして遊ぶ。 ○友だちや保育者と一緒にごっこあそびを楽しむ。 ○冬の自然や生活の仕方に興味をもつ。	○自分ですることに自信をもち，意欲的に遊んだり，身の回りのことをしようとしたりする。 ○保育者や友だちと一緒し，正月あそびを楽しむ。 ○思いを保育者や友だちに話そうとする。	○簡単な身の回りのことを，すすんでしようとする。 ○からだを動かすあそびや，指先を使うあそびを楽しむ。 ○冬の寒さや自然に触れたり，友だちと一緒に簡単な集団あそびを楽しんだりする。	○保育者や友だちとのかかわりを喜び，自信をもって過ごす。 ○自分で身の回りのことができることを喜び，進級に期待をもつ。 ○ごっこあそびや簡単な集団あそびを通して，気の合う友だちと言葉でやりとりすることを喜ぶ。

年間指導計画３歳児

年間目標	◎保健的で安全な環境を作り，一人ひとりの子どもの生理的な欲求を満たしたり心の欲求を受け止めたりし，快適に過ごせるようにする。

3歳児の終わりまでに育ってほしい姿	・生活の流れがわかり，自分でできることは自分でしようとするようになる。 ・みんなから認められることに，喜びを感じるようになる。 ・保育者の仲立ちのもと，友だちと思いを伝え合って遊ぼうとするようになる。 ・友だちとのかかわりを徐々に深めながら，簡単なルールのあるあそびを楽しむようになる。 ・地域の人と親しみをもってかかわるようになる。

年間区分			1期（4月～5月）	2期（6月～8月）	
ねらい			○喜んで登園し，保育者に親しみをもつ。 ○園生活の流れを知り，園の生活リズムに慣れる。 ○園の遊具や玩具に興味をもち，自分から遊ぼうとする。 ○身近な動植物や自然に興味をもつ。	○簡単な身の回りの始末を自分でしようとする。 ○あそびや生活を通して，約束やきまりがあることを知る。 ○自分の好きなあそびを十分に楽しみながら，友だちのしていることにも興味を示す。 ○水や砂の感触を楽しみながら，全身を動かすあそびに興味をもつ。	
内容	養護	生命・情緒	○環境の変化から情緒が不安定になりやすいので発達状態を把握し，安心して生活できるようにする。 ○できることはありのまま受容し，見守りながら自信につなげていく。	○梅雨期，夏期の環境保健に十分留意し，快適に過ごせるようにする。 ○保育者との信頼関係のなかで，自分の気持ちや考えを安心して表すことができるようにする。	
	教育	健康／人間関係／環境／言葉／表現	○新しい生活の仕方を知る。 ○保育者の手助けにより食事，排泄，手洗い，午睡など身の回りのことを少しずつ自分でしようとする。 ○室内や戸外で安心して遊具や玩具を使って遊ぶ。 ○自分のクラスがわかり，保育者や友だちに慣れて遊びやあそびをする。 ○身近な自然に興味や関心をもち親しむ。 ○土，砂，粘土などの感触を楽しむ。 ○挨拶や返事など生活に必要な言葉を使う。 ○したいことやして欲しいことを保育者に表情や言葉で伝えようとする。 ○みんなと一緒に知っているうたを歌ったり，手あそびをしたりする。	○保育者の手助けを受けながら，身の回りのことを自分でしようとする。 ○身近な生活用具などの正しい使い方を知り，興味をもって使う。 ○夏野菜の生長や収穫を喜び，収穫した野菜を食べることで食物に関心をもつ。 ○自分で好きなあそびを見つけたり，保育者や気の合う友だちとのあそびを楽しんだりする。 ○保育者が仲立ちとなり，異年齢の友だちとの触れ合いをもとうとする。 ○生活のなかの言葉で簡単なきまりや約束を守ろうとする。 ○砂，水，泥あそびなど，自然に触れ感触を楽しみながら遊ぶ。 ○保育者や友だちと生活やあそびに必要な言葉や簡単な挨拶のやりとりを楽しむ。 ○絵本や紙芝居をくり返し見たり聞いたりして楽しむ。	
■環境構成 ◇配慮事項			■室内に家庭的な雰囲気を作り，子どもたちの興味に合わせた環境を整え，自由に使えるようにし，安心して過ごせるようにする。 ◇一人ひとりの気持ちをしっかり受け止め，安心して生活できるようにする。	■気温に合わせて水あそびやプールあそびが安全に楽しめるよう場や遊具を整えておく。 ◇あそびへの興味が広がるように，誘ったり他の子どもとの仲立ちをしたりする。また，水あそびやプールあそびの約束事を伝え，安全面に配慮する。	
家庭・地域との連携			○園での様子を話したり，家庭での様子を具体的に伝えあったりしながら，信頼関係を築いていく。 ○行事などを通して子どもの様子を見てもらい，頑張っていることを十分にほめてもらう。 ○行事や園庭開放などを通して，地域の人たちと触れ合い交流できるようにする。 ○進級に向けて一年間の子どもの成長や発達を伝え，成長を喜び合う。		

月	4月	5月	6月	7月	8月	9月
ねらい	○新しい環境に慣れ，保育者に親しみをもち安心して生活する。 ○保育者と一緒に簡単な身の回りの始末をしたり，生活の流れを知ったりする。 ○春の自然に触れ，保育者や友だちと一緒に好きなあそびを楽しむ。	○園での生活の流れを知り，保育者に援助してもらいながら，自分でできることを進んでしようとする。 ○戸外あそびを通して，身近な自然に触れ，親しみや関心をもつ。 ○保育者や友だちと好きなあそびを楽しむ。	○園生活の仕方に慣れ，身の回りの簡単なことを自分でしようとする。 ○保育者や友だちと一緒に好きなあそびを楽しむ。 ○梅雨期の自然に触れ，興味や関心をもつ。	○水分補給や適度な休息をとりながら，健康で快適に過ごす。 ○夏の生活の仕方が分かり，できることは自分でしようとする。 ○保育者や友だちと一緒にさまざまな夏のあそびを楽しむ。	○水分補給や休息をとりながら，暑い夏をゆったりと過ごす。 ○保育者や友だちと一緒に，夏ならではのあそびを十分楽しむ。 ○夏の野菜に興味をもち，観察したり世話をしたりすることを楽しむ。	○季節の移り変わりに気づき，自然と触れ合い楽しくかかわる。 ○友だちと一緒のなかで，約束やきまりがあることを知る。 ○保育者や友だちと一緒に，十分にからだを動かしてあそぶことを楽しむ。

150

・身近な環境にかかわり，気づいたり感じたりして遊ぶようになる。
・身近な動植物をはじめ，自然現象をよく見たり触れたりして，驚き親しみをもつようになる。
・身の回りの物の色，量，形などに関心をもち，分けたり集めたりするようになる。
・経験したことや感じたことを自分なりの言葉で，保育者や友だちに伝えようとするようになる。
・友だちと一緒にイメージを広げたり，見立てあそびを楽しんだりして遊ぶようになる。

3期（9月～12月）	4期（1月～3月）
○戸外でのびのびとからだを動かして遊ぶことを楽しむ。 ○経験したこと，感じたことなどを自分なりに表現する。 ○保育者や友だちと一緒に生活することを楽しみ，話したり聞いたり，会話を楽しんだりする。 ○日常生活のなかで自分でできることはしようとする。 ○季節の移り変わりを感じ，自然物に触れて遊ぶことを楽しむ。	○基本的生活習慣が身につき，安定した生活ができる。 ○友だちと遊んだり，話したり，歌ったりすることを喜び，一緒に活動しようとする。 ○大きくなる喜びと進級に対する期待をもって生活する。
○自分でしようとする姿を認め，自分でできたことに満足感がもてるようにする。 ○季節の変化に応じて，保健的で安全な環境を作り，快適に生活できるようにする。 ○子どもの気持ちを大切にし，一人ひとりの成長を認め自信をもって生活できるようにする。	○気温差に留意し，室温，湿度，換気に配慮し健康に過ごせるようにする。 ○一人ひとりの成長を認め，自信をもって生活できるようにする。
○簡単な身の回りのことがほとんど自分でできるようになる。 ○食事のマナーに気をつけ，苦手なものや嫌いなものでも少しずつ食べようとする。 ○簡単な約束やきまりを守りながら，友だちと一緒にあそびを楽しむ。 ○行事を通して，地域の人や異年齢児との触れ合いを楽しむ。 ○身近な自然に触れ，関心をもって遊ぶ。 ○気づき，発見などを自分から言葉で伝える。 ○自分の気持ちや困っていること，してほしいことなど保育者に自分なりの言葉や方法で伝えようとする。 ○絵本や童話などからイメージを広げたり，登場人物になったりして，あそびを楽しむ。 ○遊具や用具を使って運動あそびや体操，リズムあそびなどを楽しむ。 ○音楽に親しみ聞いたり歌ったり，楽器を鳴らしたりして楽しむ。	○生活の流れがわかり，自分から進んで身の回りの始末をする。 ○全身を使ったあそびを十分にして，寒さに負けず戸外で遊ぶことを楽しむ。 ○異年齢の友だちとかかわり，年下の子どもに対して思いやりの気持ちをもったり，進級を楽しみにしたりする。 ○保育者の手伝いを喜び，進んでする。 ○伝統的行事に参加し，さまざまなあそびを楽しむ。 ○冬の自然に触れて遊び，関心を広げたりする。 ○嬉しいことや感じたこと，考えたことを言葉で表現したり，相手の話を聞いたりする。 ○友だちと一緒に身近な素材や用具を使って，描いたり作ったりして遊ぶ。 ○保育者の仲立ちのもと，自分の思いを伝えながら友だちと一緒に楽しく遊ぶ。
■戸外で元気にからだを動かしたり，季節の移り変わりに関心がもてるような環境を整える。 ◇あそびのなかで自分なりの動きを出したり，友だちと同じ場にいる嬉しさを感じたりできるように，個々の動きを受け止めたり，保育者も楽しさを共感したりする。	■さまざまなあそびを展開したり，継続して遊んだりできるように遊具や材料を用意しておく。 ○一人ひとりの成長を認めながら進級への期待がもてるようにする。

10月	11月	12月	1月	2月	3月
○生活の見通しをもって過ごそうとする。 ○保育者や友だち，異年齢児と一緒にからだを動かして遊ぶ楽しさを味わう。 ○秋の自然に興味をもち，触れたり遊んだりすることを楽しむ。	○身の回りのことや，生活のなかの自分でできることは自分でしようとする。 ○身近な秋の自然に触れながら遊ぶことを楽しむ。 ○楽器あそびや劇あそびを通して，表現する楽しさを味わう。	○冬の生活の仕方を知り，身の回りのことを自分でしようとする。 ○友だちと一緒に約束やきまりを守りながらあそびを楽しむ。 ○経験したこと思ったこと感じたことなどをさまざまな方法で表現することを楽しむ。	○手洗い，うがいの習慣を身につけ，寒さに負けず，戸外で元気に遊ぶ。 ○冬の自然に興味をもち，見たり触れたりして遊ぶ。 ○正月あそびや伝承あそびに触れ，友だちと一緒に遊ぶ楽しさを感じる。	○身の回りのことが自分でできることを喜び，意欲的にしようとする。 ○冬の自然の変化に驚いたり感動したりして遊ぶ。 ○友だちと一緒に簡単なルールのあるあそびや，集団あそびを楽しむ。	○進級に期待をもち，身の回りのことを進んで行おうとする。 ○身近な自然の変化に関心をもち，春の訪れを感じる。 ○自分の思いを伝えながら，友だちと一緒に遊ぶことを楽しむ。

年間指導計画 4歳児

年間目標	◎保健的で安全な環境を作り，一人ひとりの子どもの欲求を満たしながら，情緒の安定を図り快適に生活できるようにする。

4歳児の終わりまでに育ってほしい姿	・生活の流れや生活の仕方がわかり，基本的な生活に必要な習慣を身につけるようになる。 ・活動に意欲的に取り組むなかで，楽しさや，やり遂げた喜びを味わうようになる。 ・友だちとイメージや目的を共有し，工夫したり協力したりしながら遊ぶようになる。 ・思い通りにいかない不安や葛藤を経験するなかで，自分の思いを表現したり相手を意識したりして遊ぶようになる。 ・地域の人とかかわる喜びを感じ，感謝の気持ちをもつようになる。

年間区分		1期（4月～5月）	2期（6月～8月）
ねらい		○新しい環境のなかで，保育者や友だちに親しみをもち，心身ともに安定して過ごす。 ○生活の仕方がわかり身の回りのことを自分でしようとする。 ○好きなあそびを見つけ，友だちや保育者と一緒に遊ぶことを楽しむ。	○夏の生活や必要な習慣を身につける。 ○友だちとかかわりながら，夏ならではのあそびを十分に楽しむ。 ○保育者との信頼関係のもと，自分の気持ちや考えを自由に表現する。
内容	養護 生命・情緒	○新しい生活のリズムを整え，健康で安定した生活が送れるようにする。 ○一人ひとりの気持ちを温かく受け止め，信頼関係を築いていく。	○活動と休息のバランスに配慮し，夏の生活習慣を身につけて健康に過ごせるようにする。 ○一人ひとりの健康状態を把握し，十分な休息と水分補給に留意する。
	教育 健康／人間関係／環境／言葉／表現	○生活の仕方や流れがわかり，身の回りのことを自分でしようとする。 ○友だちや保育者と一緒に楽しく食事をする。 ○遊具や用具に親しみ，安全な遊び方や使い方を知り，気をつけて遊ぶ。 ○好きなあそびを見つけ，保育者や友だちと一緒に楽しむ。 ○春の自然に興味をもち，見たり触れたりして遊ぶ。 ○園外散歩など異年齢の友だちと一緒に自然のなかで遊び，自然物に親しむ。 ○してほしいことや，困ったことなど保育者に言葉で伝えようとする。 ○季節のうたを歌ったり，リズムあそびを楽しんだりする。 ○身近な素材に親しみ，自由に描いたり作ったりすることを楽しむ。	○夏の生活の仕方を知り，安全に気をつけ，きまりを守って遊ぶ。 ○食べ物とからだの関係に興味をもち，何でも食べようとする。 ○身の回りのことなど，自分でできることは自分でしようとする。 ○水，砂，土などに触れ，夏ならではのあそびを十分に楽しむ。 ○友だちや異年齢児とかかわって遊ぶなかで，共同の遊具や用具を大切に使い譲り合う気持ちをもつ。 ○身近な動植物に興味や関心をもち，世話をしながら親しみや愛情をもつ。 ○経験したことや感じたことを話し，保育者や友だちと会話を楽しむ。 ○さまざまな素材に親しみ，描いたり，作ったりしたもので遊ぶ。
■環境構成 ◇配慮事項		■好きなあそびを見つけ安心して過ごせるような場や遊具などを整える。 ◇子ども達の緊張と不安を十分に受け止め，安心して登園できるようにする。	■水や砂，泥などの感触を十分に味わい，開放感を味わえるよう，さまざまな素材や用具を用意する。 ◇自然や周りの人たちと触れ合いながら，一人ひとりを大切にし，感動や共感を助ける。
家庭・地域との連携		○家庭での様子や保護者の思いを聞いたり，園での様子を知らせたりするなかで，相談しやすい関係を築いていく。 ○地域の行事を知らせたり，地域交流時の姿を伝えたりして，地域の人達と親しみがもてるようにする。 ○さまざまな行事への参加を通して園での様子を見てもらい，成長や頑張りを共有する。	

月	4月	5月	6月	7月	8月	9月
ねらい	○新しい環境での生活の仕方がわかり，安心して過ごす。 ○新しい担任や友だちに親しみ，好きなあそびを見つけて楽しむ。 ○身近な春の自然に触れて遊ぶ。	○生活のリズムを整え，健康に過ごす。 ○友だちと一緒にさまざまな活動を楽しむ。 ○身近な自然に触れて遊ぶ心地良さを味わう。	○清潔について関心をもち，意識して過ごす。 ○天候や活動などに応じた生活の仕方を知り，自分でできることは自分でしようとする。 ○さまざまな物や場所でのあそびに興味や関心をもち，自分からかかわって遊ぶ。	○からだを清潔に保つ心地良さを味わう。 ○夏の生活の仕方がわかり，自分から進んでしようとする。 ○さまざまな夏のあそびを友だちと一緒に経験する。	○十分に休息しながらゆったりと過ごす。 ○生活やあそびに必要な約束がわかり守ろうとする。 ○友だちや異年齢の友だちと一緒に夏のあそびを楽しむなかで，自分の気持ちを言葉や態度で表現する。	○気温や活動に応じて水分補給や休息をし健康に過ごす。 ○友だちとのかかわりを広げ，一緒に活動することを楽しみながら，目標に向かって取り組もうとする。 ○身近な自然に触れて遊ぶなかで，夏から秋への自然の変化に気づき興味や関心をもつ。

・自分なりに考えたり，試したりしながら，工夫して遊ぶようになる。
・身近な自然に親しみ，自然に触れ合うなかでさまざまな事象にかかわりながら，考えたり工夫したりして遊ぶようになる。
・体験を通して身の回りの物の色，数，量，形等に興味や関心をもち，数えたり比べたりするようになる。
・保育者や友だちとの会話を楽しみながら，自分の思いや経験したことを相手に伝わるように話すようになる。
・友だちとイメージを共有するなかで，動きや言葉などで表現したり，演じて遊んだりする楽しさを味わうようになる。

3期（9月～12月）	4期（1月～3月）
○自分でできることに喜びをもちながら，生活に必要な習慣を身につける。 ○友だちとのかかわりを広げ，共通の目的をもって，一緒に活動することを楽しむ。 ○身近な自然物に興味や関心を高め，考えたり試したりして遊ぶ。	○生活に必要な習慣や態度が身につき，進級することの喜びと自信をもつ。 ○友だちとのかかわりを深め，感じたこと，イメージしたことをさまざまな方法で豊かに表現して遊ぶ。 ○異年齢の友だちと思いを共有し，あそびを進める楽しさを味わう。
○気温の変化に応じて，室温，換気に配慮し，快適に生活できるようにする。 ○気持ちや考えを理解して受容し，満足感・達成感を味わえるようにする。	○室内の換気や温度調整を留意し，快適に過ごせるようにする。 ○一人ひとりの成長を認め，自信をもって生活，活動できるようにする。
○季節の変化に応じた，生活の仕方を身につける。 ○食事のマナーがわかり，友だちと一緒に楽しく食事をする。 ○友だちとのかかわりのなかで，自分の意見を主張したり，友だちの意見を受け入れたりしながら行動する。 ○友だちと遊ぶなかで，きまりの大切さに気づき守って遊ぶ。 ○地域の人との触れ合いを通し，親しみの気持ちをもつ。 ○自然物や身近な事象を通して，数・量・形・色など違いに気づき，興味をもって遊ぶ。 ○絵本や物語に興味をもち，イメージを広げ，友だちと一緒に表現するなかで，言葉のやりとりを楽しむ。 ○うたを歌ったりリズムに合わせて踊ったりして自由に表現する。 ○さまざまな素材や材料を使って遊びに必要なものを作り，工夫して遊ぶ。	○冬の健康に必要な習慣や態度を身につけ，自信をもって意欲的に生活する。 ○食事のマナーが身につき，友だちや異年齢の友だちと一緒に楽しく食事をする。 ○寒さに負けず，戸外で思い切りからだを動かして遊ぶ。 ○友だちと楽しく活動するために，ルールや約束を守ろうとする。 ○年下の友だちと一緒に過ごし，優しく接したり，教えたりする。 ○仲間意識をもち，あそびのなかで気持ちに折り合いをつけたり，相手の意見を聞き入れたりしようとする。 ○冬の自然事象や春の訪れに気づき，発見を楽しんだり，考えたりする。 ○さまざまなあそびに興味をもち，自分の力を試したり工夫したりして遊ぶ満足感を味わう。 ○友だちとイメージを共有し，考えを出し合い協力してあそびに必要なものを作って遊ぶ。
■一人ひとりの体力や運動機能を考慮しながら，子どもたちが好きなあそびを存分に楽しめる場を整えていく。 ◇友だちとのかかわりのなかで，自分の思いが出せるように援助したり，友だちを思いやる気持ちや我慢する気持ちを認めたりする。	■集団で遊ぶ面白さを十分に味わえるよう，環境や遊具を整える。 ◇年長組になる喜びをもち，意欲的に生活できるよう一人ひとりの成長を認めたり，自分なりの力を発揮したりできるように援助する。
	○1年間の成長を振り返り，年長組になることへの子どもの期待や不安を受け止めて，安心して進級できるように家庭と園とのかかわり方について話し合う。

10月	11月	12月	1月	2月	3月
○秋の気候に慣れ，健康に過ごそうとする。 ○友だちとかかわりながら，からだを動かすことの楽しさや心地よさを味わう。 ○あそびのなかでイメージや思いを自分なりに表現することを楽しむ。	○気温の変化に応じて，保健的で安全な環境のなか，快適に生活をする。 ○友だちとのかかわりを広げ，共通の目的をもって活動することを楽しむ。 ○秋の自然に触れ，あそびに取り入れたりさまざまな事象に気づいたりする。	○寒い時期の生活の仕方を知り，体調管理に気をつけ健康的に過ごす。 ○あそびのなかで友だちとやりとりをしながら，さまざまな表現あそびを楽しむ。 ○ルールのあるあそびを通して，からだを十分に動かしながら，友だちとかかわって遊ぶ。	○冬の健康や過ごし方に関心をもつ。 ○正月あそびを通して，文字や数に興味をもち，友だちと一緒に楽しむ。 ○冬の自然事象に親しみ，興味や関心をもつ。	○感染症の予防に意識をもち，健康に過ごす。 ○友だちと思いを出し合ったり，イメージを共有したりしながら，一緒にあそびを進める楽しさを味わう。 ○身近な自然や行事を通して，冬から春への自然の変化に気づく。	○基本的な生活習慣の必要性がわかり，健康で快適に生活する。 ○生活に必要な態度が身につき，進級する喜びをもつ。 ○友だちや異年齢の友だちとのかかわりのなかで，自分なりの力を発揮しながらさまざまなあそびを楽しむ。

年間指導計画５歳児

年間目標	◎保健的で安全な環境を作り，一人ひとりの子どもの欲求を十分に満たしながら，生命の保持と情緒の安定を図り，快適に生活できるようにする。

幼児期の終わりまでに育ってほしい姿
- ・健康で安全な生活に必要な習慣や態度を身につけ，見通しをもち自ら進んで行動するようになる。
- ・自分なりに考えたり工夫したりしながら諦めずやり遂げ，達成感を味わい，自信をもって行動するようになる。
- ・自分の思いを伝えたり，相手の思いに気づいたりしながら，協力して物事をやり遂げる大切さや充実感を味わうようになる。
- ・自分の気持ちを調整し，友だちと折り合いをつけながら，きまりの大切さがわかり守るようになる。
- ・地域の人に自分から親しみの気持ちをもって接し，自分が役に立つ喜びを感じるようになる。

年間区分	1期（4月～5月）	2期（6月～8月）	
ねらい	○年長児としての意識をもち，保育者や友だちと一緒に意欲的に生活する。 ○クラスの友だちや異年齢の友だちと親しみをもってかかわる。 ○春の自然に親しみ，動植物に触れたり，世話をしたりする。	○自分でできることの範囲を広げながら，健康や安全などの意味やきまりがわかり，危険を避けて行動する。 ○集団のなかで自分の意見を主張したり人の考えを聞いたりしながら，友だちとのつながりを広げたり深めたりする。 ○身近な自然や動植物に触れながら，おもしろさや不思議さ，美しさを感じる。	
内容 養護 生命・情緒	○子ども一人ひとりの健康状態や発育，発達状態を把握し，異常を感じた場合は適切に対応する。 ○子ども一人ひとりの気持ちや考えを受け止め，安心して過ごせるようにする。	○梅雨や夏の保健衛生に留意し，快適に過ごせるようにする。 ○自分の気持ちや考えを安心して表すことができるようにする。	
内容 教育 健康／人間関係／環境／言葉／表現	○生活の仕方や流れがわかり，当番活動を積極的に取り組む。 ○友だちと一緒に，全身を使ってさまざまなあそびを展開する。 ○異年齢の友だちに親しみをもって世話をする。 ○生活するなかで，集団のきまりの大切さに気づき，守ろうとする。 ○春の自然に触れ，美しさや季節の変化を知る。 ○文字，数，量，形，時間などをあそびや生活のなかに取り入れ，興味，関心を深める。 ○保育者や友だちの話に興味や関心をもって聞いたり，自分の思いを伝えたりする。 ○感じたことや想像したことをさまざまな素材や用具を使い，描いたり作ったりする。	○梅雨期や夏期の生活の仕方を知り，快適に過ごす。 ○水，砂，泥などのさまざまな素材に触れ，全身を使ってダイナミックなあそびを展開する。 ○あそびに必要なものを友だちと考え，試したり工夫したりしながら協力し合って作る。 ○良い悪いを判断し人に迷惑をかけないよう，譲り合ったり協力し合ったりして生活する。 ○小動物の世話を通して成長や命の尊さを知る。 ○収穫した野菜を食べることで栽培物の生長に関心をもち，食に対しての意欲を高める。 ○相手の話を聞き，お互いの思いや考えを受け止めようとする。 ○友だちと一緒にさまざまな音楽を聴いたり踊ったりして，リズムの楽しさを味わう。	
■環境構成 ◇配慮事項	■一人ひとりの様子を把握し，使い慣れた道具や新しい道具を用意して，自分のしたいあそびが十分できるようにする。 ◇他クラスと連携をとり，異年齢の友だちへ親しみをもつ気持ちを引き出したり，かかわり方を知らせたりする。	■身近な自然に対して疑問に思ったことを調べられるように，図鑑や自然物に関する本を用意しておく。 ◇子どもたちが互いにイメージを出し合って遊べるよう，保育者もあそびに参加しながら，必要な物を作ることができるようにするとともに，子どもの気づきに共感する。	
家庭・地域との連携	○年長組になってはりきっている姿や自分でやろうとしている姿を捉え，保護者との信頼関係を築いていき，認めることの大切さを伝えていく。 ○健康や保健衛生について家庭でも配慮してもらい，健康的な習慣が身につくよう協力を得る。 ○懇談を通して園や家庭の情報を交換し，就学へ向けての準備をしていく。 ○園庭開放，地域交流会などで地域の人と触れ合う機会をもつ。 ○地域の行事に参加する。		

月	4月	5月	6月	7月	8月	9月
ねらい	○新しい環境に慣れ，保育者や友だちとつながりながら安心して生活する。 ○年長組になった喜びを感じ，自分からさまざまな活動に取り組む。 ○身近な春の自然にかかわり，季節を楽しむ。	○生活リズムを保ち，健康に過ごす。 ○さまざまな人とのかかわりを楽しむ。 ○身近な栽培物や生き物に興味をもち，世話をすることを楽しむ。	○梅雨期の衛生面に留意し，健康に過ごす。 ○友だちと考えを出し合って遊ぶなかで，友だちとのつながりを深める。 ○自然や動植物の生長に触れ，おもしろさや不思議さ，美しさなどに興味をもつ。	○夏の生活の仕方を知り，健康に過ごす。 ○友だちと一緒に夏ならではのダイナミックなあそびを楽しむ。 ○見たこと，感じたことをさまざまな素材や用具を使って表現する。	○夏の健康的な過ごし方を知り，生活に必要なきまりや習慣を身につける。 ○夏のあそびを十分楽しみながら，友だちとのかかわりを深める。 ○栽培物や飼育物の変化や生長を感じ，大切にしようという気持ちをもつ。	○健康な生活に必要な習慣を身につける。 ○運動会に向けて，友だちと協力しながら，意欲的に活動に取り組む。 ○身近な自然に触れて遊びながら，夏から秋への季節の移り変わりを感じる。

・身近な事象に積極的にかかわるなかで，物の性質や仕組みを活用し，考えたり工夫したりするようになる。
・自然に触れて感動する体験を通じて，自然の大きさや不思議さを感じ命あるものを大切にする気持ちをもつようになる。
・生活のなかで物の性質や数量，図形，文字，時間等に関心や感覚をもつようになる。
・人の話を注意深く聞き，理解し，自分の思いも相手にわかるように話すようになる。
・友だち同士で互いに表現し合うことで，さまざまな表現の面白さに気づいたり，友だちと一緒に表現する過程を楽しんだりするようになる。

3期（9月～12月）	4期（1月～3月）
○友だちと共通の目的に向かって取り組むなかで，協力し合うことの大切さや，やり遂げた達成感を味わう。 ○さまざまな遊具や用具を使い，運動あそびや集団あそびなど，からだを動かすことを楽しむ。 ○身近な社会事象や自然の変化に関心を深め，感性を豊かにする。	○友だちと共通の目的をもち，認め合いながら協力してあそびや生活を進め，充実感を味わう。 ○身近な自然や環境に進んでかかわり，興味や関心を深める。 ○就学への期待をもち，見通しや目標をもって園生活を十分楽しむ。
○子ども一人ひとりの健康状態を把握し，気温の変化に応じて室内の温度調節や換気を行い，快適に過ごせるようにする。 ○子どもの興味や活動を理解してあそびが楽しめるように環境を整え，意欲的に活動できるようにする。	○子ども一人ひとりの健康状態を把握し，感染症の予防に努め，異常のある場合は適切に対応する。 ○子ども一人ひとりが自信をもって自己発揮しながら意欲的に生活できるようにする。
○さまざまな運動に取り組み，失敗してもくじけず再び挑戦する。 ○行事などを通して公共のマナーを理解し，周りのことを考えて行動する。 ○自分なりの目標を決め，友だちと協力し合って物事をやり遂げようとする。 ○あそびの進め方を友だちと話し合い，協力したりきまりを守ったりしてあそびに取り組む。 ○地域の人とかかわる喜びを感じ，感謝の気持ちをもつ。 ○自然の変化，不思議さ，美しさなどに気づいたり，社会事象に関心をもったりする。 ○さまざまなあそびに親しみ，素材の感触や物の質に気づいたり調べたりする。 ○生活のなかで使う言葉や文字，記号に関心をもつ。 ○経験したことや感じたこと，想像したことを描いたり演じたりと，さまざまな方法で自由に表現して楽しむ。 ○音楽に親しみ，感じたこと考えたことなどを，音やリズム，動きで表現する楽しさを味わう。	○冬の健康に必要な習慣や態度を身につけ，自ら進んで行動する。 ○自分たちで決めたルールを守り，クラスやグループのなかで役割をもち，友だちと協力し合う。 ○自分の思いを伝え，相手の思いに気づき，折り合いをつけてあそびを進める。 ○冬から春の自然の変化に興味，関心をもち，不思議さ美しさなどに思いを巡らせて，友だちと一緒に発見を楽しむ。 ○身の回りの文字や数などに関心をもち，生活やあそびに取り入れて楽しむ。 ○自分の思いや考えを相手にわかるように話したり，相手の話を理解して聞こうとしたりして，互いに伝え合う喜びを味わう。 ○材料や用具を目的に合わせて選び，感じたことや考えたことをさまざまな表現方法で表す。 ○卒園準備や行事を通して，就学に期待をもつ。
■友だちと工夫して一緒に活動が進められるよう，用具や材料を準備しておく。 ■意欲をもって安全に運動あそびが楽しめるよう，遊具や用具を準備する。 ◇目標に向かって取り組むなかで，頑張っている姿を認めたり，その姿を周りの子どもに知らせたりすることで，互いに認め合えるようにする。	■お正月のあそびをきっかけに，文字や数をあそびや環境のなかに取り入れていき，興味がもてるようにする。 ■思いが相手に伝わる喜びを味わえるように，自分の感情をコントロールすることや，相手の気持ちを考えて話すことを伝えていく。 ◇卒園に向けて行事や準備に取り組むなかで，園生活を振り返る機会をもち，身近な人や物に感謝する気持ちをもてるようにする。
	○一日入学で小学校の生活を知る機会をもつ。

10月	11月	12月	1月	2月	3月
○健康や安全に気をつけて過ごす。 ○友だちと同じ目的に向かって取り組み，自信をもって自分の力を発揮し，達成感を味わう。 ○秋の自然に興味をもち，触れたり，収穫したりしながらあそびに取り入れて楽しむ。	○自分のからだの健康に関心をもつ。 ○友だちと一緒に考えてイメージを出し合い，共通の目的に向かって，協力しながら実現していく喜びを味わう。 ○友だちと一緒にさまざまな音楽を聴いたり，踊ったりしながら，自分らしく表現することを楽しむ。	○冬の健康と安全な生活を意識する。 ○冬のよさを認めたり，受け入れたりしながら協力して活動し，充実感を味わう。 ○年末年始の日本の伝統行事や文化を知り，興味をもつ。	○冬の生活の仕方に気づき，健康に関心をもつ。 ○文字や記号，数量の意味に関心をもち，あそびに取り入れて楽しむ。 ○冬の自然事象の変化に興味や関心をもち，あそびに取り入れて楽しむ。	○冬の生活の仕方を身につけ，手洗いやうがい，衣服の調節などを進んでする。 ○仲間意識が高まり，お互いを認め合いながらあそびを進めていく楽しさを味わう。 ○冬の自然事象や身の回りの出来事に興味や関心をもち，あそびに取り入れて楽しむ。	○身についた生活習慣を確認しながら，共に成長を喜び合い，就学への期待をもって生活する。 ○友だちと協力してあそびを進め，充実感を味わう。 ○身近な自然に気づき，それに触れることで春の訪れを感じる。

【協力者一覧】

〈2章協力者〉

佐田國淑代　八浜認定こども園

桑原　美香　大崎認定こども園

小田　倫子　玉原認定こども園

前田　公子　玉原認定こども園

吉村　紀子　大崎認定こども園

廣畑　和美　玉原認定こども園

石田　亜古　玉野市教育委員会就学前教育課

尾﨑　正道　玉野市教育委員会就学前教育課

〈3章協力者〉

学校法人三笠学園認定こども園岩国東幼稚園

【編著者紹介】

浅井　拓久也（あさい　たくや）

秋草学園短期大学准教授。専門は保育学。企業内研究所の主任研究員や大学の専任講師を経て現職。保育所や認定こども園の顧問も務め，全国で講演会や研修会を行っている。著書は『マンガでわかる！保育所保育指針2017年告示対応版』，『マンガでわかる！幼稚園教育要領2017年告示対応版』（単著／中央法規出版），『先輩保育者が教えてくれる！連絡帳の書き方のきほん』（単著／翔泳社），等多数。

執筆箇所：１章，２章

【執筆者紹介】

冨津田　香（ふつだ　かおり）

学校法人三笠学園認定こども園岩国東幼稚園教頭。文学博士。山口県幼・保・小連携推進委員，山口県幼児視聴覚研究委員などを務めた。現在，保育者として勤務しながら，山口県造形を考える会役員，地域の子育て支援活動、保育実践研究を行っている。著書は『つながる子どもの育ち』（一部執筆／山口県子育て支援連携推進委員会），『子どもの発達の連続性を支える保育の心理学』（分担執筆／教育情報出版）がある。

執筆箇所：３章

幼児教育サポートBOOKS

「10の姿」で展開する！幼児教育の
計画＆実践アイデア

2021年１月初版第１刷刊 ©編著者	浅　　井　　拓久也
	発行者 藤　　原　　光　　政
	発行所 明治図書出版株式会社
	http://www.meijitosho.co.jp
	（企画）木村　悠（校正）川上　萌
	〒114 0023　東京都北区滝野川7-46-1
	振替00160-5-151318　電話03(5907)6703
	ご注文窓口　電話03(5907)6668
＊検印省略	組版所 中　　央　　美　　版

本書の無断コピーは，著作権・出版権にふれます。ご注意ください。

Printed in Japan　　　　　　ISBN978-4-18-087814-7
もれなくクーポンがもらえる！読者アンケートはこちらから